保險營銷
實訓教程

主　　編 ○ 方有恒、粟榆
副主編 ○ 王媛媛、廖敏
參　　編 ○ 郭金發、劉家生

財經錢線

前 言

保險業要發展，保險教育要先行。保險業在經濟社會中的重要性得到高度認可，保險業的發展迎來良好的環境條件。保險業需要大量精通理論和實務的從業人員，保險業的發展需要保險教育奠定良好的基礎。許多專家學者為保險教育的發展付出了大量的心血，取得了豐碩的成果。本書策劃和編寫人員也願意為保險教育事業貢獻綿薄之力，多次商討本書的編寫事宜，幾經波折，終於成書。

全書按照保險營銷人員在日常工作中可能接觸到的主要專業知識與業務技能設置10章共21個實訓項目，如職業禮儀與道德、市場調查、目標市場選擇與營銷策劃、產品開發與定價、分銷與促銷、寫作、客戶管理與服務、會議經營、團隊建設與管理、擴展知識等。與現有同類型教材相比，本書有以下特點：

（1）內容全面。本書囊括保險營銷人員日常所接觸的主要工作內容。

（2）基礎技能與專業技能並重。本書在系統模擬銷售專業技能訓練的同時，注重基礎技能的訓練，如職業操守、核保理賠、營銷調研與策劃、產品開發與定價等。

（3）實驗環境的通用性。本書各項實驗（實訓）項目均不依賴特定的實驗軟件和條件，實驗所指定的環境條件均能較好地得到滿足，保障了實驗項目的通用性。

（4）可操作性強。本書中近一半的項目經過多年的實際運用，不斷加以完善，可操作性強。

（5）實驗難度彈性大。本書實驗設計主要提示實驗思路，並提供少量課外實驗環節，在操作時可綜合考慮學生素質、實驗條件等更改實驗參數，增減實驗難度。

從本書的內容和特點來看，本書適用於：普通應用型高等院校保險、金融和營銷等專業學生；職業院校保險、金融和營銷等專業大中專學生；保險機構接受新人培訓或繼續教育的營銷人員、營銷後援等。

本書是全體編者共同努力的結果，其中粟榆博士負責全書的策劃工作，共同擬定本書寫作大綱，並編寫實驗1、2；方有恒副教授共同擬定本書寫作大綱，並編寫實驗3、4、5、7、8、9、10、11、12、15；王媛媛副教授編寫實驗16、17、18、21；廖敏老師編寫實驗6、19、20；郭金發老師編寫實驗13、14；劉家生老師編寫實驗1、2、3、4的基礎知識部分。

由於編者水平有限,本書謬誤之處難免,請各位讀者指正。

編者

目 錄

第 1 章　保險營銷員職業禮儀與道德 …………………………………（1）
　　實驗 1　保險營銷員職業禮儀 ……………………………………（1）
　　實驗 2　保險營銷員職業道德 ……………………………………（9）

第 2 章　保險市場調查 …………………………………………………（20）
　　實驗 3　保險市場調查方案制訂 …………………………………（20）
　　實驗 4　調查問卷設計 ……………………………………………（31）

第 3 章　目標市場選擇與營銷策劃 ……………………………………（43）
　　實驗 5　目標市場選擇 ……………………………………………（43）
　　實驗 6　保險營銷策劃 ……………………………………………（53）

第 4 章　保險產品開發與定價 …………………………………………（62）
　　實驗 7　保險產品開發 ……………………………………………（62）
　　實驗 8　保險產品定價 ……………………………………………（73）

第 5 章　保險分銷與促銷 ………………………………………………（83）
　　實驗 9　保險營銷渠道管理 ………………………………………（83）
　　實驗 10　保險展業流程 ……………………………………………（93）
　　實驗 11　保險促銷 …………………………………………………（103）

第 6 章　保險寫作 ………………………………………………………（113）
　　實驗 12　保險建議書寫作 …………………………………………（113）
　　實驗 13　保險投標書寫作 …………………………………………（122）

第 7 章　保險客戶關系管理與服務 ……………………………………（131）
　　實驗 14　保險客戶關系管理與服務 …………………………………（131）

第 8 章　會議經營 ………………………………………………………（140）
　　實驗 15　晨會 …………………………………………………………（140）
　　實驗 16　產品說明會 …………………………………………………（151）

第 9 章　銷售團隊建設與管理 …………………………………………（163）
　　實驗 17　增員 …………………………………………………………（163）
　　實驗 18　培訓 …………………………………………………………（174）
　　實驗 19　銷售團隊日常管理 …………………………………………（194）

第 10 章　營銷員擴展知識 ……………………………………………（204）
　　實驗 20　核保基礎 ……………………………………………………（204）
　　實驗 21　理賠基礎 ……………………………………………………（213）

第 1 章　保險營銷員職業禮儀與道德

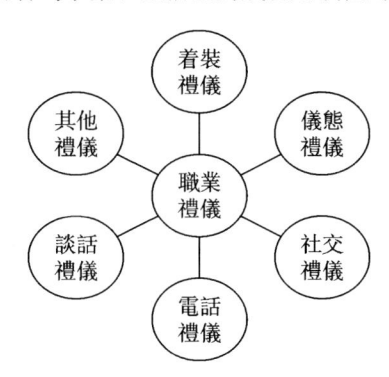

實驗 1　保險營銷員職業禮儀

第一部分　保險營銷員職業禮儀基礎知識

一、保險營銷員職業禮儀的定義

保險營銷員職業禮儀是在保險營銷職業活動過程中，以一定的、約定俗成的程序、方式來表現的律己、敬人的過程，包括著裝禮儀、儀態禮儀、社交禮儀、電話禮儀、談話禮儀、其他禮儀等內容（見圖 1.1）。良好的職業禮儀反應一個人良好的內在修養、素質及專業的職業形象，有利於給客戶留下良好的第一印象，易於獲取客戶的好感和信任，有助於與客戶建立良好的、融洽的、和諧的人際關係，為後續的保險營銷活動創造良好情景。與客戶良好的人際關係是保險營銷取得成功的重要基礎。正所謂「禮多人不怪」，注重禮儀，將會為事業和生活上的成功起積極的作用。

圖 1.1　保險營銷員職業禮儀分類

二、保險營銷員職業禮儀的具體要求

（一）著裝禮儀

成功的推銷始於成功地推銷自己，著裝是營銷人員送給客戶的第一張名片。營銷人員留給客戶的第一印象往往就在見面的前幾秒鐘形成，而要改變第一印象卻需付出長時間的努力。因為在心理學上有一種「光圈效應」，指的是人們常常根據總體印象就進行推論的心理趨勢。當營銷人員穿著得體、修飾恰當、舉止合宜、看起來很職業，

客戶無意識中便會認定營銷人員是在為一家優秀的公司工作，銷售的是非凡的產品或服務，並且這種「光圈」會擴展到營銷人員銷售的產品或服務上；反之則相反。要改變這種先入為主的「成見」則需要加倍的努力。因此，保險營銷人員必須要養成注重著裝禮儀的行為習慣，努力給客戶留下一個良好的印象，建立正向的、積極的「光圈效應」，為成功營銷創造條件。良好的著裝包括但不限於以下內容：

（1）衣著式樣和顏色保持大方、穩重。

（2）男性保險營銷人員應穿西裝或輕便西裝，西裝必須剪裁合身，顏色傳統。

（3）西裝、襯衫、領帶這三樣中必須有兩樣是素色的，襪子的顏色必須比褲子更深，全身三種顏色以內。

（4）領帶的長度必須觸及皮帶扣。

（5）兩手伸直時，襯衫的袖子應該比西裝袖長1厘米左右。

（6）女性保險營銷人員的衣著應當得體大方，令人賞心悅目。

（7）在服飾的佩戴上，可以佩戴某一種代表公司的標記，不要佩戴那些代表個人身分或宗教信仰的標記。

（8）不能戴太陽鏡或變色鏡。

（9）保持自身的整潔，講究衛生。

（10）隨手攜帶一個公文包，內裝一支比較高級的鋼筆、一本比較精致的筆記本，以及公司的保險條款、計算器、口氣清新劑等，物品要存放整齊、有條理。

（二）儀態禮儀

良好的舉止對留下良好的印象也是至關重要的，客戶是通過觀察保險推銷員的舉止神態、面部表情等來觀察其內心思想的。保險推銷員一定要避免表現出有損自己形象的行為舉止，與客戶交往中的行為舉止要大方得體，才能體現營銷人員良好的個人修養，從而贏得客戶的信任和喜愛。

保險營銷員儀態禮儀要求如表1.1所示：

表1.1　　　　　　　　保險營銷員儀態禮儀要求

項目	說明
微笑	● 真正甜美而非職業化的微笑是發自內心的、自然大方的、真實親切的，微笑應貫穿禮儀行為的整個過程。注意微笑時眼睛要與對方保持正視。
目光	● 目光應是坦然、親切、和藹、有神的。在與客戶談話時，大部分時間應看著對方。正確的目光是自然地註視對方眉骨與鼻梁三角區，不能左顧右盼，也不能緊盯著對方；道別或握手時，應該用目光註視著對方的眼睛。
站姿	● 抬頭、目視前方、挺胸直腰、肩平、雙臂自然下垂、收腹、雙腿並攏直立、腳尖分呈「V」字形，身體重心放到兩腳中間，也可兩腳分開，比肩略窄，雙手交叉，放在體前或體後。 ● 男士：兩腳分開，比肩略窄，雙手合起放在背後。 ● 女士：雙腳並攏，腳尖分呈「V」字形，雙手合起放於腹前。

表1.1(續)

項目	說明
坐姿	● 男士：入座時要輕，至少要坐滿椅子的2/3，後背輕靠椅背，雙膝自然並攏（也可略分開）。身體可稍向前傾，表示尊重和謙虛。 ● 女士：入座前應用手背扶裙（如果是著裙裝），坐下後將裙角收攏，兩腿並攏，雙腳同時向左或向右放，兩手疊放於腿上。如長時間端坐可將兩腿交叉疊放，但要注意上面的腿向回收，腳尖向下。
蹲姿	● 男士：曲膝下蹲，自然穩重即可。 ● 女士：並膝下腰。一腳在前，一腳在後，前腳全著地，小腿基本垂直於地面，後腳腳跟提起，腳掌著地，臀部向下。
手勢	● 手勢的幅度和頻率不要過大和過高，要特別注意手勢的規範和手勢的含義。在示意方向或人物時，應用手掌，切不可用手指；在示意他人過來時，應用手掌，且掌心向下，切不可掌心向上。

(三) 社交禮儀

社交禮儀是指在人際交往、社會交往和國際交往活動中，用於表示尊重、親善和友好的首選行為規範和慣用形式。社交禮儀的直接目的是表示對他人的尊重。尊重是社交禮儀的本質。人都有被尊重的高級精神需要，當在社會交往活動過程中，按照社交禮儀的要求去做，就會使人滿足獲得尊重的需要，從而獲得愉悅，由此達到人與人之間關係的和諧。

保險營銷員社交禮儀要求如表1.2所示：

表1.2　　　　　　　　保險營銷員社交禮儀要求

項目	說明
握手	● 握手應堅定有力，但不宜太用力且時間不宜過長，一般3~5秒為宜。 ● 如果手臟或者有水、汗，不宜與人握手時，應主動向對方說明不握手的原因。 ● 不要戴手套握手。 ● 不要在嚼著口香糖的情況下與別人握手。 ● 握手的姿勢強調「五到」，即身到、笑到、手到、眼到、問候到。 ● 握手時雙方的上身應微微向前傾斜，面帶微笑，眼睛平視對方的眼睛，同時寒暄問候。 ● 握手時，伸手的順序強調「四先」，即貴賓先、長者先、主人先、女士先。
交換名片	● 保持名片或名片夾清潔、平整，名片可放在上衣口袋裡。 ● 遞送名片時，應將名片置於手掌中，用拇指壓住名片邊緣，其餘四指托住名片反面，名片的文字要正對對方，然後身體前傾，用雙手遞過去，以示尊重對方，同時講一些「請多多關照」之類的客氣話。要注意在遞名片時目光正視對方，切忌漫不經心。 ● 接受對方名片時，應恭恭敬敬，雙手捧接，並道感謝。接受後應仔細觀看上面的內容，並稱呼對方的職務以示對贈名片者的尊重；切忌馬馬虎虎地瞧一眼，便順手塞進衣袋裡。 ● 接下來與對方談話時，不要將名片收起來，應該放在桌子上，並保證不被其他東西壓起來，這會使對方感覺到很受重視。 ● 參加會議時，應該在會前或會後交換名片，不能在會中擅自與別人交換名片。

表1.2(續)

項目	說明
座位與距離	• 座位一般選擇在客戶的右邊，這樣保險營銷員寫下的東西、進行的計算及舉的例子都在客戶的視線之內；要與客戶坐在桌子同一邊，這樣有利於談話。 • 保險營銷員與客戶座位的間隔一般在1米左右，但並不是絕對的，文化背景、社會地位、性格特徵、情緒心境不同，個體空間距離也不同。
乘坐電梯	• 先按電梯，讓客人先進。若客人不止一人時，可先進電梯，一手按「開」按鈕，一手按住電梯側門，對客人禮貌地說：「請進！」 • 進入電梯後，按下客人要去的樓層數，側身面對客人。如無旁人，可略做寒暄；如有他人，應主動詢問他人去幾樓，並幫忙按下按鈕。 • 到目的地後，一手按「開」按鈕，一手做請出的動作，說：「到了，您先請！」客人走出電梯後，自己立即步出電梯，在前面引導方向。 • 不要同時按電梯上下行鍵，不要堵在電梯口，要遵循先下後上的原則等。
接聽電話	• 電話鈴響第二下時接聽，準備好記事本，注意身體姿勢以保證聲音清晰。 • 盡可能避免厭煩神情及語調，與話筒保持適當距離，說話聲大小適度，嘴裡不含束西。 • 聽不清對方說話的內容時，不要猶豫，應立即將實際情況告訴對方。 • 聽對方講話時不能沉默，應作出適當回應表明在聆聽。 • 結束溝通時，待對方掛線後再掛電話，或稍等2~3秒鐘再掛電話。
撥打電話	• 準備好電話號碼，安排好通話環境及事項，嘴裡不含束西，琢磨並寫下溝通的主題內容、措辭、可遇見的客戶異議和問題以及溝通語氣、語調。 • 在客戶的非繁忙時間撥打電話，如上午的11點鐘左右，下午的4點鐘左右。不占用客戶私人休息時間，如早上8點鐘以前，晚上8點鐘以後。 • 做自我介紹，扼要說明本次電話的目的和事項。 • 致電陌生拜訪需問清並確認接聽者是否為受訪當事人。 • 感謝對方或代接電話者，並有禮貌地說聲「再見」。待對方掛斷電話後再掛機，或稍等2~3秒鐘再掛電話
談話禮儀	• 談話的表情要自然，語氣和氣親切，表達得體。 • 說話時手勢適當，動作不要過大，不要用手指指人，保持適當距離。 • 談話中遇有急事需要處理或需要離開，應向談話對方打招呼，表示歉意。 • 在相互交談時，應目光注視對方，以示專心。對方發言時，不要左顧右盼、心不在焉；不要注視別處，顯出不耐煩的樣子；不要老看手錶，表現出伸懶腰、玩束西等漫不經心的動作。 • 談話一般不要涉及宗教、隱私等內容。

第二部分 實驗設計

一、實驗基本情況

（一）實驗目的

通過實驗教學，讓學生瞭解職業禮儀的重要性，熟悉基本的職業禮儀要求，能在給定的場景中表現出適當的職業禮儀。

（二）環境用具

電腦、保險實驗教學軟件、網絡連接、電子期刊數據、保險營銷員職業禮儀視頻、

圖片、案例等。

(三) 實驗學時

2學時。

(四) 實驗形式

分組討論、案例分析、角色扮演。

(五) 實驗重點

職業禮儀基本要求。

二、實驗內容與教學組織

(一) 瞭解保險營銷員職業禮儀的基本要求

(1) 教師給學生提供正確的職業禮儀相關視頻、圖片或案例，要求學生進行觀察。

(2) 從著裝禮儀、儀態禮儀、社交禮儀、電話禮儀、談話禮儀等方面進行評價。

(3) 給予一組不當或錯誤的職業禮儀相關資料，讓學生辨別，並提出改進建議。

(二) 職業禮儀演練

(1) 將學生分組，要求每個小組假設需要完成某個保險營銷任務，如陌生拜訪、保單送遞等。

(2) 組長給每個成員分派一定的角色，按照職業禮要求進行演練。

(三) 職業禮儀演練點評與總結

(1) 教師觀察各小組的演練過程，挑選有代表性的小組進行公開示範，引導其他小組進行觀察。

(2) 教師對示範過程進行點評。

【注意事項】

(1) 要在課前準備相關視頻、圖片和案例等資料。

(2) 示範的小組可以在課前進行安排，尤其是對常見的錯誤禮儀進行安排，以達到較好的教學效果。

【思考題】

(1) 保險營銷員為什麼要重視職業禮儀？

(2) 保險營銷員職業禮儀有哪些要求？

(3) 常見的保險營銷員職業禮儀錯誤有哪些？

【參考文獻】

[1] 陳蘭芬. 保險營銷實務 [M]. 北京：電子工業出版社，2011.

[2] 方有恒，郭頌平. 保險營銷學 [M]. 上海：復旦大學出版社，2013.

第三部分　實驗報告

一、實驗報告總表

實驗報告總表如表 1.3 所示：

表 1.3　　　　　　　　　　　實驗報告總表

<table>
<tr><td colspan="2">實驗編號及實驗名稱</td><td colspan="3">實驗 1　保險營銷員職業禮儀</td></tr>
<tr><td colspan="2">分組編號</td><td>組長姓名</td><td colspan="2">組長學號</td></tr>
<tr><td colspan="2">實驗地點</td><td>實驗日期</td><td>實驗時數</td><td>2 學時</td></tr>
<tr><td colspan="2">指導教師</td><td>同組其他成員</td><td colspan="2">評定成績</td></tr>
<tr rowspan="4"><td rowspan="4">實驗內容及步驟</td><td>實驗內容</td><td>教學形式</td><td>時間控制</td><td>注意事項</td></tr>
<tr><td>瞭解保險營銷員職業禮儀的基本要求</td><td>播放資料
分組討論</td><td>20 分鐘</td><td>從著裝禮儀、儀態禮儀、社交禮儀、電話禮儀、談話禮儀等方面進行評價</td></tr>
<tr><td>職業禮儀演練</td><td>分組討論
角色扮演</td><td>30 分鐘</td><td>每個小組假設需要某個保險營銷任務，如陌生拜訪、保單送遞等</td></tr>
<tr><td>職業禮儀演練點評與總結</td><td>典型示範</td><td>30 分鐘</td><td>注意找出示範小組的錯誤</td></tr>
<tr><td colspan="2">實驗總結</td><td colspan="3"></td></tr>
<tr><td colspan="2">教師評語</td><td colspan="3"></td></tr>
</table>

二、實驗操作與記錄

（一）瞭解保險營銷員職業禮儀的基本要求

（1）在提供的不當或錯誤的職業禮儀相關資料中，本小組觀察的資料主要涉及

（請在所選項目前標示）：
　　□ 著裝禮儀　　　□ 儀態禮儀　　　□ 社交禮儀
　　□ 電話禮儀　　　□ 談話禮儀　　　□ 其他（請註明）_____
（2）在提供的不當或錯誤的職業禮儀相關資料中，本小組發現的錯誤之處主要如下：

（3）本小組對上述不當或錯誤的改進建議如下：

（二）職業禮儀演練
（1）請對本小組假設需要完成的某個保險營銷任務進行描述（情景描述）。

2. 本小組成員角色分配如下：
成員：_____　扮演角色：_____
成員：_____　扮演角色：_____
成員：_____　扮演角色：_____
成員：_____　扮演角色：_____
成員：_____　扮演角色：_____
成員：_____　扮演角色：_____

（3）本小組通過演練所發現的問題或心得主要如下：

（三）職業禮儀演練點評與總結
（1）公開示範小組需要完成的保險營銷任務如下：

（2）公開示範小組演練中存在的問題（或特色）主要如下：

（3）本小組發現的問題與教師點評所指出的問題是否相同，為什麼？

實驗 2　保險營銷員職業道德

第一部分　保險營銷員職業道德基礎知識

一、職業道德的含義與特徵

（一）職業道德的含義

中國《公民道德建設實施綱要》（2001）指出：「職業道德是所有從業人員在職業活動中應該遵循的行為準則，涵蓋了從業人員與服務對象、職業與職工、職業與職業之間的關係。隨著現代社會分工的發展和專業化程度的增強，市場競爭日趨激烈，整個社會對從業人員職業觀念、職業態度、職業技能、職業紀律和職業作風的要求越來越高。要大力倡導以愛崗敬業、誠實守信、辦事公道、服務群眾、奉獻社會為主要內容的職業道德，鼓勵人們在工作中做一個好建設者。」從本質上看，保險營銷員的職業道德是保險營銷員在履行其職業責任、從事保險代理過程中逐步形成的、普遍遵守的道德原則和行為規範，是社會對從事保險營銷工作的人們的一種特殊的道德要求，是社會道德在保險營銷職業生活中的具體體現。

職業道德的基本範疇主要由八個因素組成，即職業理想、職業態度、職業責任、職業技能、職業紀律、職業良心、職業榮譽和職業作風（見圖2.1）。

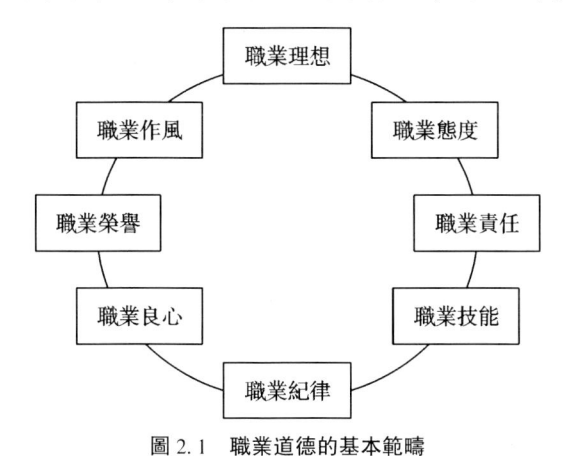

圖2.1　職業道德的基本範疇

（二）職業道德的特徵

職業道德的特徵如下：

（1）職業道德具有鮮明的職業特點。某種職業道德對該行業以外的人往往不適用。

（2）職業道德具有明顯的時代性特點。一定社會的職業道德總是由一定社會的經濟關係、經濟體制決定，並反過來為之服務。

（3）職業道德是一種實踐化的道德。職業道德產生於職業實踐活動中，只有付諸

實踐，職業道德才能體現其價值和作用，才能具有生命力。

（4）職業道德的表現形式呈具體化和多樣化特點。各種職業對從業人員的道德要求總是從本職業的活動和交往的內容及方式出發，適應於本職業活動的客觀環境和具體條件。

二、保險營銷員職業道德的法律規範

中國保險監督管理委員會（以下簡稱保監會）於2004年制定並發布了《保險代理從業人員職業道德指引》《保險經紀從業人員職業道德指引》《保險公估從業人員職業道德指引》，對保險代理從業人員的要求是守法遵規、誠實信用、專業勝任、客戶至上、勤勉盡責、公平競爭、保守秘密；對保險經紀從業人員的要求是守法遵規、誠實信用、專業勝任、勤勉盡責、友好合作、公平競爭、保守秘密。2006年7月1日開始施行的《保險營銷員管理規定》（2013年7月1日廢止）第四章對保險營銷員的展業行為進行管理（見表2.1）。

表2.1　　　　　　　《保險營銷員管理規定》第四章主要內容

應遵守的規定	禁止的行為
第二十八條　保險營銷員從事保險營銷活動應當遵守法律、行政法規和中國保監會的有關規定。 第二十九條　保險營銷員應當在所屬保險公司授權範圍內從事保險營銷活動，自覺接受所屬保險公司的管理，履行委託協議約定的義務。 第三十條　保險營銷員從事保險營銷活動，應當出示《展業證》。 第三十一條　保險營銷員應當客觀、全面、準確地向客戶披露有關保險產品和服務的信息，應當向客戶明確說明保險合同中責任免除、猶豫期、健康保險產品等待期、退保等重要信息。 第三十二條　保險營銷員銷售分紅保險、投資連結保險、萬能保險等保險新型產品的，應當明確告知客戶此類產品的費用扣除情況，並提示購買此類產品的投資風險。 第三十三條　保險營銷員應當將保險單據等重要文件交由投保人或者被保險人本人簽名確認。 第三十四條　保險營銷員不得與非法從事保險業務、保險仲介業務的機構或者個人發生保險業務往來。 第三十五條　保險營銷員代為辦理保險業務，不得同時與兩家或者兩家以上保險公司簽訂委託協議。	第三十六條　保險營銷員從事保險營銷活動，不得有下列行為： （一）做虛假或者誤導性說明、宣傳； （二）擅自印製、發放、傳播保險產品宣傳材料； （三）對不同保險產品內容做不公平或者不完全比較； （四）隱瞞與保險合同有關的重要情況； （五）對保險產品的紅利、盈餘分配或者未來不確定收益作出超出合同保證的承諾； （六）對保險公司的財務狀況和償付能力作出虛假或者誤導性陳述； （七）利用行政處罰結果或者捏造、散布虛假事實，詆毀其他保險公司、保險仲介機構或者個人的信譽； （八）利用行政權力、行業優勢地位或者職業便利以及其他不正當手段強迫、引誘或者限制投保人訂立保險合同； （九）給予或者承諾給予投保人、被保險人或者受益人保險合同規定以外的其他利益； （十）向投保人、被保險人或者受益人收取保險費以外的費用； （十一）阻礙投保人履行如實告知義務或者誘導其不履行如實告知義務； （十二）未經保險公司同意或者授權擅自變更保險條款和保險費率； （十三）未經保險合同當事人同意或者授權擅自填寫、更改保險合同及其文件內容； （十四）未經投保人或者被保險人同意，代替或者唆使他人代替投保人、被保險人簽署保險單證及相關重要文件； （十五）誘導、唆使投保人終止、放棄有效的保險合同，購買新的保險產品，且損害投保人利益； （十六）洩露投保人、被保險人、受益人、保險公司的商業秘密或者個人隱私； （十七）超出《展業證》載明的業務範圍、銷售區域從事保險營銷活動； （十八）挪用、截留、侵占保險費、保險賠款或者保險金； （十九）串通投保人、被保險人或者受益人騙取保險金或者保險賠款； （二十）偽造、變造、轉讓《資格證書》或者《展業證》； （二十一）私自印製、偽造、變造、倒買倒賣、隱匿、銷毀保險單證； （二十二）中國保監會規定的其他擾亂保險市場秩序的行為。

2013年7月1日起施行的《保險銷售從業人員監管辦法》對保險營銷員的職業道德和行為進行了重新規定。其中，第二十四條規定了以下禁止行為：

（1）欺騙投保人、被保險人或者受益人；

（2）隱瞞與保險合同有關的重要情況；

（3）阻礙投保人履行如實告知義務，或者誘導其不履行如實告知義務；

（4）給予或者承諾給予投保人、被保險人或者受益人保險合同約定以外的利益；

（5）利用行政權力、職務或者職業便利以及其他不正當手段強迫、引誘或者限制投保人訂立保險合同，或者為其他機構、個人牟取不正當利益；

（6）偽造、擅自變更保險合同，或者為保險合同當事人提供虛假證明材料；

（7）挪用、截留、侵占保險費或者保險金；

（8）委託未取得合法資格的機構或者個人從事保險銷售；

（9）以捏造、散布虛假信息等方式損害競爭對手的商業信譽，或者以其他不正當競爭行為擾亂保險市場秩序；

（10）洩露在保險銷售中知悉的保險人、投保人、被保險人的商業秘密及個人隱私；

（11）在客戶明確拒絕投保後干擾客戶；

（12）代替投保人簽訂保險合同；

（13）違反法律、行政法規和中國保監會的其他規定。

三、保險營銷員違反職業道德的常見行為

（一）銷售人員常見的不良行為

銷售人員常見的不良行為如下：

（1）更改或使用不規範的宣傳資料；

（2）多家代理保險業務；

（3）未盡如實告知義務；

（4）曲解或隱瞞條款重要內容；

（5）銷售誤導；

（6）代簽名；

（7）初次核保不嚴；

（8）回傭及承諾保險合同以外的利益；

（9）代客戶墊交保費；

（10）不及時通知客戶交費導致保單失效；

（11）打白條收費；

（12）詆毀同業或其他銷售人員；

（13）截留、挪用、侵占保費或生存金；

（14）串通客戶騙保。

（二）銷售人員在日常管理環節應避免的行為

銷售人員在日常管理環節應避免的行為如下：

（1）未取得保險資格證書和展業證書便從事保險代理活動；

（2）未參加公司崗前培訓或培訓不合格便從事保險代理活動；

（3）超出公司授權的業務範圍從事保險代理活動；

（4）與非法從事保險業務、保險仲介業務的機構或個人發生保險業務往來，為其他同業公司、代理公司代理保險業務；

（5）洩露公司商業秘密，詆毀公司聲譽；

（6）違反公司相關管理制度、保險從業規定，擾亂保險市場秩序；

（7）借他人名義辦理入司手續。

（三）保險營銷人員在團隊管理環節應避免的行為

保險營銷人員在團隊管理環節應避免的行為如下：

（1）在客戶向公司其他銷售人員明確投保意願後，採取不正當的手段爭搶業務；

（2）向客戶承諾保險合同以外的利益爭搶業務；

（3）利用職業便利搶奪公司其他銷售人員的保險業務；

（4）使用不正當手段引誘投保人撤銷原有保險合同，購買新的保險產品；

（5）虛假承諾或者誇大待遇進行增員。

（四）保險營銷員在業務環節應避免的行為

保險營銷員在業務環節應避免的行為如表 2.2 和表 2.3 所示：

表 2.2　　　　宣傳、展業環節銷售人員應避免的行為一覽表

序號	銷售人員應避免行為	環節分類	行為分類
（1）	誇大公司經營業績和公司實力	公司介紹	銷售誤導
（2）	隱瞞保險合同中如免責條款、等待期、觀察期等重要信息	產品介紹	銷售誤導
（3）	誤導客戶可按交納保險費退保，未說明退保時按保單現金價值額度退保	產品介紹	銷售誤導
（4）	混淆保險產品和銀行儲蓄，片面將產品收益和銀行存款收益進行簡單比較	產品介紹	銷售誤導
（5）	宣導分紅保險紅利一定高於銀行同期收益	產品介紹	銷售誤導
（6）	介紹分紅產品收益是固定的	產品介紹	銷售誤導
（7）	進行演示把預期收益宣導為到期可得收益	產品介紹	銷售誤導
（8）	將新型保險產品和其他銀行存款、理財產品進行簡單片面的比較	產品介紹	銷售誤導
（9）	未介紹產品的免除責任	產品介紹	銷售誤導
（10）	未明確解釋健康險產品觀察期的概念	產品介紹	銷售誤導
（11）	未明確說明或者錯誤解釋退保、失效將造成的損失	產品介紹	銷售誤導
（12）	未對保險條款內容如實宣傳和解釋	產品介紹	銷售誤導
（13）	摘錄部分條款內容，隱瞞保險產品重要信息	產品介紹	銷售誤導
（14）	在展業中誇大產品功能和產品責任	產品介紹	銷售誤導
（15）	以產品為銷售導向，推薦不適合客戶需求的保險產品	產品推薦	推薦不適合產品

表2.2(續)

序號	銷售人員應避免行為	環節分類	行為分類
(16)	不考慮客戶的經濟能力，推薦超越客戶經濟實力的保險產品	產品推薦	推薦不適合產品
(17)	擅自變更、印刷、發放和傳播保險宣傳材料	宣傳資料	變更宣傳資料
(18)	使用手寫的保險產品宣傳材料	宣傳資料	使用不規範資料
(19)	用不恰當手段和方式引誘、強制投保人購買保險	投保簽單	誘使投保
(20)	向客戶承諾保險合同之外的其他利益	投保簽單	承諾合同以外利益
(21)	向客戶回傭促成業務	投保簽單	回傭
(22)	誘導客戶放棄有效保險合同，購買新的保險產品	投保簽單	銷售誤導
(23)	承諾超出條款約定的收益	投保簽單	銷售誤導
(24)	詆毀與其有業務競爭的銷售人員或者其他同業公司的銷售人員	同業競爭	詆毀同業/同事
(25)	利用行政處罰結果貶低或詆毀同業公司和同業人員信譽	同業競爭	詆毀同業/同事
(26)	將本公司與同業公司產品進行不公平比較	同業競爭	銷售誤導
(27)	洩露或者出售客戶隱私及相關資料，對客戶造成不良影響	客戶資料	洩露客戶資料
(28)	以不正當手段獲取客戶資料	客戶資料	不正當競爭
(29)	與客戶爭吵造成不良影響，損害公司形象	客戶服務	服務不周
(30)	客戶經濟能力不夠，卻主動要求借款給客戶購買保險產品	投保簽單	誘使投保

資料來源：中國人壽保險股份有限公司教材編寫委員會. 職業道德與行為規範[M]. 北京：中國金融出版社，2010：93-94.

表2.3　　投保、簽單和銷售服務環節銷售人員應避免的行為一覽表

序號	銷售人員應避免的行為	違規行為分類
(1)	故意疏忽客戶的投保條件，希望蒙混過關	不符合投保條件
(2)	責任心不強，不嚴格審核客戶的投保條件	不符合投保條件
(3)	未面見被保險人便辦理投保業務	不符合投保條件
(4)	阻礙客戶向公司如實告知	未如實告知
(5)	沒有將瞭解的客戶重要情況如實告知公司	未如實告知
(6)	未向客戶解釋加費原因	未如實告知
(7)	未主動告知公司客戶的聯繫方式	客戶資料不全
(8)	在知悉客戶聯繫方式發生變更後未及時告知公司	客戶資料不全
(9)	故意隱瞞客戶聯繫方式	客戶資料不全

表2.3(續)

序號	銷售人員應避免的行為	違規行為分類
(10)	假冒客戶或指使他人假冒客戶接受公司回訪	客戶資料不全
(11)	代替投保人、被保險人簽名	代簽名
(12)	默許投保人、被保險人代簽名	代簽名
(13)	唆使他人代替投保人、被保險人簽名	代簽名
(14)	未經客戶書面授權代客戶墊交保費	墊交保費
(15)	受公司委託但因自身原因未及時通知客戶交費造成客戶保單失效	未及時收費
(16)	未向客戶宣導公司關於保費零現金收費的規定	未零現金收費
(17)	收取客戶現金存入個人銀行帳戶，代替客戶交費	未零現金收費
(18)	收取客戶保費後故意不及時交至公司	未零現金收費
(19)	利用保險合同寬限期提前收取客戶保費後不及時上交公司	截留、挪用、侵占保費
(20)	因主觀原因導致不能在規定期限內將保費上交公司	截留、挪用、侵占保費
(21)	收取客戶保費後因其他原因忘記及時交至公司	截留、挪用、侵占保費
(22)	鼓動客戶提供虛假信息或與客戶串通騙取保險金	騙取保費
(23)	未在規定期限內將公司簽發的保單送達客戶	未及時送達/核銷單證
(24)	未將回執及時交回公司核銷	未及時送達/核銷單證
(25)	未將保費發票及時交給客戶	未及時送達/核銷單證

資料來源：中國人壽保險股份有限公司教材編寫委員會. 職業道德與行為規範［M］. 北京：中國金融出版社，2010：101.

第二部分 實驗設計

一、實驗基本情況

（一）實驗目的

通過實驗教學，讓學生瞭解保險營銷員職業道德的重要性，熟悉保險營銷職業道德的主要內容，能辨別違反職業道德的行為表現，掌握保險營銷員的基本行為規範。

（二）環境用具

電腦、保險實驗教學軟件、網絡連接、保險學術期刊、保險統計信息資料、保險公司基本信息、保險營銷員職業道德分類圖表、保險營銷員職業行為規範分類圖表。

（三）實驗學時

2學時。

（四）實驗形式

分組討論、案例分析。

（五）實驗重點

保險營銷員職業道德的重要性、遵守保險營銷員職業行為規範。

二、實驗內容與教學組織

（一）保險營銷員職業道德的重要性

（1）將學生分成 4~8 人/組，要求學生通過保險行業協會、保監會、保險學會、向日葵保險網、保網等網站，查找保險糾紛案例、保險服務滿意度調研，以及保險投訴案例等，要求 3 份以上。

（2）對本小組查找的案例進行分析，判斷保險營銷員是否遵守職業道德、有無不良影響、是否需要改正等。

（二）熟悉保險營銷員職業道德與行為規範的主要內容

（1）要學生查找中國對於保險營銷員職業道德（行為規範）的相關法律法規。

（2）將保險營銷員職業道德（行為規範）的具體規定歸類，並繪製成表格或圖。

（3）教師將課前製作的相關圖表進行展示，要求學生進行參照比較。

（4）學生對照教師提供的資料，將之前查找的案例進行識別，判斷該案例中保險營銷員違反了哪一種職業道德（行為規範）。

（三）掌握保險營銷員職業道德和行為規範

（1）要求各小組成員設定一個銷售場景，以保險市場某真實的保險公司或者仲介機構銷售人員的身分，完成某個銷售任務。

（2）各小組成員合理分工，演練本小組假設的銷售任務。

（3）教師通過觀察，挑選有代表性的小組進行示範。其他小組進行觀察，教師點評。

【注意事項】

（1）教師在課前準備相關案例和資料，或者提供資料來源，以便於指引學生查找。

（2）教師要課前做好職業道德分類圖或表，方便學生進行參照比較。要等待學生基本完成本小組的圖或表之後才展示。

（3）教師可以在課前安排示範小組，準備演練，強化教學效果。

【思考題】

（1）保險營銷員為什麼要擁有較高的職業道德修養？

（2）保險營銷員常見的違反職業道德的行為有哪些？

【參考文獻】

［1］中國人壽保險股份有限公司教材編寫委員會. 職業道德與行為規範 [M]. 北京：中國金融出版社，2010.

［2］方有恒. 郭頌平. 保險營銷學 [M]. 上海：復旦大學出版社，2013.

［3］陳蘭芬. 保險營銷實務 [M]. 北京：電子工業出版社，2011.

第三部分　實驗報告

一、實驗報告總表

實驗報告總表如表 2.4 所示：

表 2.4　　　　　　　　　　　實驗報告總表

實驗編號及實驗名稱	實驗 2　保險營銷員職業道德			
分組編號		組長姓名		組長學號
實驗地點		實驗日期		實驗時數　2 學時
指導教師		同組其他成員		評定成績

實驗內容及步驟	實驗內容	教學形式	時間控制	注意事項
	保險營銷職業道德的重要性	分組討論	25 分鐘	查找保險糾紛案例、保險服務滿意度調研，以及保險投訴案例等，共 3 份以上
	熟悉保險營銷職業道德與行為規範的主要內容	分組討論	30 分鐘	將保險營銷職業道德（行為規範）的具體規定歸類，並繪製成表格或圖
	掌握保險營銷職業道德和行為規範	分組討論	25 分鐘	設定一個銷售情景，以保險市場某真實的保險公司或者仲介機構銷售人員的身分，完成某個銷售任務

實驗總結	

教師評語	

二、實驗操作與記錄

　　(一) 保險營銷員職業道德的重要性
　　(1) 本小組查到的資料（案例）名稱是：_____
_____
_____
_____
_____

　　(2) 該資料（案例）的來源是：_____
_____
_____
_____
_____

　　(3) 對本小組查找的案例進行分析，判斷保險營銷員是否遵守職業道德、有無不良影響、是否需要改正等。

　　(二) 熟悉保險營銷員職業道德與行為規範的主要內容
　　(1) 請將查到的法律法規名稱列出來：_____
_____
_____
_____
_____
_____
_____

（2）將保險營銷員職業道德（行為規範）的具體規定歸類，並繪製成表格或圖。

（3）學生對照教師提供的資料，對之前查找的案例進行識別，判斷該案例中保險營銷員違反了哪一種職業道德（行為規範）。

（三）掌握保險營銷員職業道德和行為規範
（1）要求各小組學生設定一個銷售場景，以保險市場某真實的保險公司或者仲介機構銷售人員的身分，完成某個銷售任務。請將本小組的各種假設進行描述。

（2）本小組成員演練分工如下：

成員：_____ 扮演角色：_____

成員：_____ 扮演角色：_____

成員：_____ 扮演角色：_____

成員：_____ 扮演角色：_____

成員：_____ 扮演角色：_____

成員：_____ 扮演角色：_____

（3）本小組通過演練發現存在職業道德和行為規範方面的問題或心得體會主要如下：

4. 對示範小組進行觀察，結合老師的點評，本小組的收穫如下：

第 2 章　保險市場調查

實驗 3　保險市場調查方案制訂

第一部分　保險市場調查方案制訂基礎知識

一、保險市場信息與保險營銷信息系統

（一）保險市場信息

保險市場信息主要包括有關國內及國際保險市場的一些消息、情報、數據和資料。例如，有關社會和經濟各部門以及廣大消費者對各種財產、人身、責任和保證等保險業務的需求量，國家立法機關有關保險的法律和條例的頒布與變更，國際和國內保險公司、再保險公司的業務變動情況、承保能力以及承保技術等方面的情況等（見圖3.1）。保險市場信息可以提供決策依據，幫助保險企業獲取競爭優勢，有利於保險企業控制營銷風險。保險信息存在不對稱現象（見表3.1）。

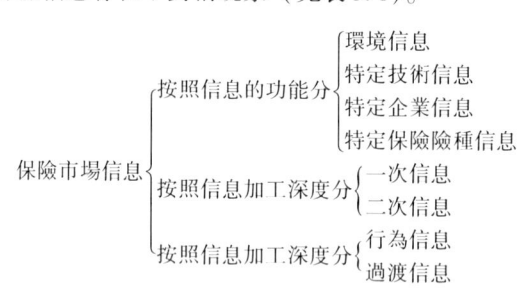

```
                          ┌ 環境信息
              按照信息的功能分 ┤ 特定技術信息
                          │ 特定企業信息
                          └ 特定保險險種信息
保險市場信息 ┤ 
              按照信息加工深度分 ┬ 一次信息
                             └ 二次信息
              按照信息加工深度分 ┬ 行為信息
                             └ 過渡信息
```

圖 3.1　保險市場信息分類

表 3.1　　　　　　　　保險市場信息不對稱的表現形式

表現形式	含義
舊車問題	投保人對所購買的保險產品的知識少於保險人，即保險人擁有信息優勢。
逆選擇問題	投保人對自身情況的瞭解多於保險人，這就引發了逆選擇問題，即具有較高風險水平的人更願意以平均價格水平購買保險。
代理人問題	在所有委託—代理關系中，代理人並不總是為了委託人的最大利益而行事。
道德風險問題	由於購買了保險，被保險人可能會從事更加危險的活動，或者採用隱瞞、誇大、捏造、製造等方式獲取更多合同利益。

（二）保險營銷信息系統

保險營銷信息屬於社會經濟信息的範疇，是指在一定時間和條件下，同保險營銷活動有關的各種消息、情報、數據、資料的總稱。保險營銷信息系統是由人、設備和程序構成的複合體（見圖3.2）。保險營銷信息系統的任務在於收集、整理、分析、評估、分配與提供所需要的、及時的、準確的信息，以供保險營銷決策者用來進行保險營銷計劃、執行與控制的工作。

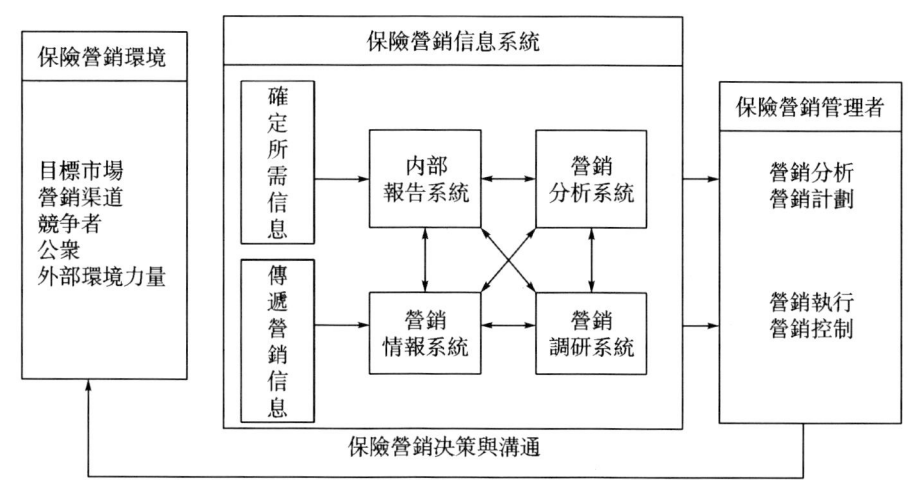

圖 3.2　保險營銷信息系統圖

二、保險營銷調研的內容與方法

（一）保險營銷調研的內容

保險營銷調研的內容如圖 3.3 所示：

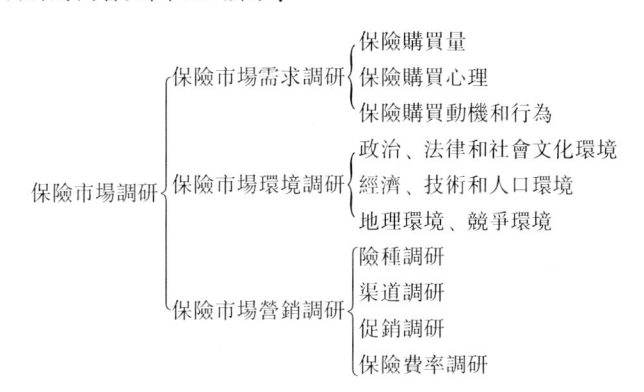

圖 3.3　保險市場調研的內容

（二）保險營銷調研的方法

保險營銷調研的方法如表 3.2 所示：

表3.2　　　　　　　　　　　　保險營銷調研的方法

調研方法	含義
普查法	普查法是對一定時期內所有保戶無一例外地進行全面調查瞭解，從而取得比較全面和完整的資料。
典型調查法	典型調查法指在調查範圍內選出最具有代表性的調查對象作為重點進行調查，達到對所有調查對象的瞭解。
抽樣調查法	抽樣調查法是指根據一定的原則，從調查對象的總體（也稱母體）中抽出一部分對象（也稱樣本）進行調查，從而推斷總體情況的方法（抽樣設計是嚴格按照數理統計的要求進行的）。
間接調查法	間接調查法是指通過對保險業以外其他部門的調查，瞭解保險業與其他部門的內在聯繫，進一步預測保險市場的需求和發展趨勢。

抽樣調查種類與特徵如表3.3所示：

表3.3　　　　　　　　　　　　抽樣調查種類與特徵

類型	種類	特徵
隨機抽樣	簡單隨機抽樣	總體的每個成員都有已知的或均等的被抽中的機會。
	分層隨機抽樣	將總體分成不重疊的組（如年齡組），在每組內隨機抽。
	分群隨機抽樣	將總體分成不重疊的組（如職業組），隨機抽出若干組進行普查。
非隨機抽樣	任意抽樣	調研人員選擇總體中最易接觸的成員以獲取信息。
	判斷抽樣	調研人員按自己的估計選擇總體中可能提供準確信息的成員。
	定額抽樣	調研人員按若干分類標準確定分類規模，然後按比例在每類中選擇特定數量的成員進行調查。

三、保險營銷調研的程序

保險營銷調研是一項複雜而細緻的工作，為了提高調研工作的效率和質量，營銷調研一般可以按圖3.4所示的程序進行。在上實驗課時，受到實驗條件與實驗時間的限制，一般只能完成前三步，剩餘的兩步需要結合實際情況有條件地完成。

其中，第四步整理分析資料的具體要求如下：

（1）資料整理。整理資料主要是看調查人員是否嚴格按調研方案實施調查、問卷填寫是否有不清楚的地方、問卷中是否有比較明顯的邏輯錯誤等，以確定資料的真實性和準確性。

（2）對數據的處理。這部分工作可分為編碼、錄入、編輯和匯總四個步驟。

（3）對調研質量的評價。對調研質量的評價包括三個方面：一是事後質量抽查，這種方法效果好，但費用較高；二是檢查資料內部的邏輯關係，剔除相互矛盾和明顯錯誤的資料；三是抽樣誤差檢查，調查誤差與樣本量成反比，而樣本量又與調查費用的投入有著密切的關係。

（4）資料分析工作。資料分析方法一般分為定性和定量兩種。

第五步提出報告的具體內容應包括以下幾個方面：

（1）報告題目。
（2）報告目錄。
（3）內容概要。
（4）關於調查項目的情況介紹及背景材料。
（5）調查過程包括調查方法、調查結果和局限性。
（6）結論。主要是提出改善建議。
（7）附件。主要是有關附表、附圖和相關資料。

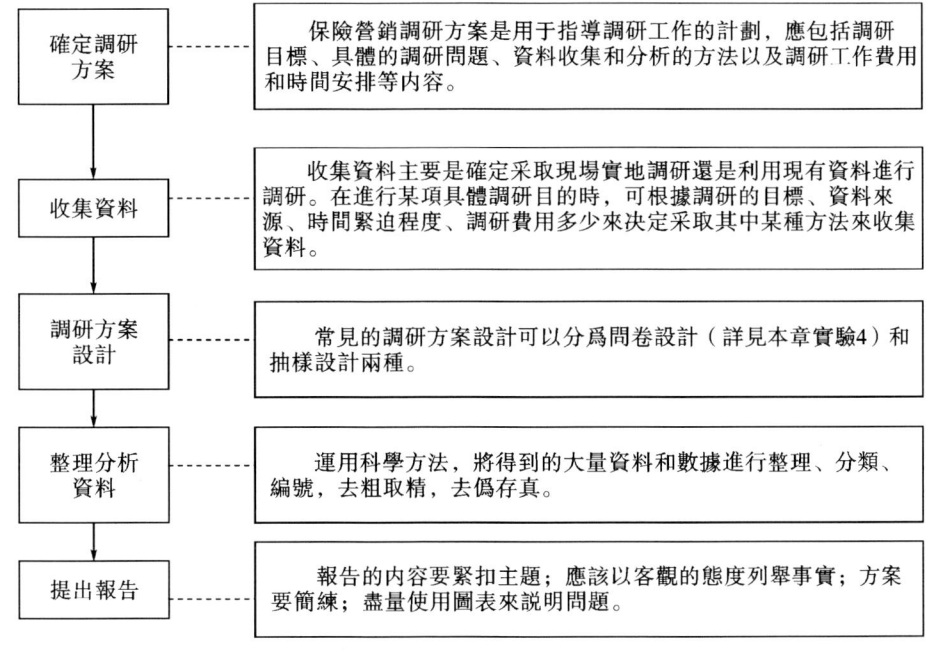

確定調研方案	保險營銷調研方案是用於指導調研工作的計劃，應包括調研目標、具體的調研問題、資料收集和分析的方法以及調研工作費用和時間安排等內容。
收集資料	收集資料主要是確定采取現場實地調研還是利用現有資料進行調研。在進行某項具體調研目的時，可根據調研的目標、資料來源、時間緊迫程度、調研費用多少來決定采取其中某種方法來收集資料。
調研方案設計	常見的調研方案設計可以分爲問卷設計（詳見本章實驗4）和抽樣設計兩種。
整理分析資料	運用科學方法，將得到的大量資料和數據進行整理、分類、編號，去粗取精，去僞存真。
提出報告	報告的內容要緊扣主題；應該以客觀的態度列舉事實；方案要簡練；盡量使用圖表來說明問題。

圖 3.4　保險營銷調研程序

第二部分　實驗設計

一、實驗基本情況

（一）實驗目的

通過實驗教學，使學生掌握一定的收集保險市場信息的能力和信息處理能力，具備一定的市場判斷能力。通過分組討論保險市場信息的特點、分類、保險信息管理等，使學生熟悉和掌握保險信息收集的渠道，能夠根據保險營銷工作的需要進行信息的收集；能夠根據特定調研項目的需要正確設計調查問卷，收集所需要的信息，爲保險營銷提供決策參考。

（二）環境用具

電腦、保險實驗教學軟件、網絡連接、保險學術期刊、保險統計信息資料、調查

報告樣本。

（三）實驗學時

2學時。

（四）實驗形式

分組討論、情景模擬。

（五）實驗重點

調研方案設計。

二、實驗內容與教學組織

（一）保險市場信息分類及管理

（1）分組討論保險信息的種類，理解保險信息對於保險企業經營的重要性，掌握保險營銷信息的含義，知曉主要保險營銷信息來源，如統計網站、監管部門網站、中國知網等。

（2）利用案例加深學生對相關知識的理解。

（3）引導學生圍繞教學安排進行討論。

（二）保險營銷調研的步驟

（1）分組討論保險營銷調研各個步驟應注意的事項，重點是調研問卷設計的過程。

（2）注意提醒學生調研問卷不是調研的必須用品。

（三）完成制定調研項目

（1）將學生分組，根據所給定的調研項目，確定調研的方案。

（2）引導學生填寫實驗報告，完成調研任務。

注意事項

（1）組織學生討論時注意引導其話題，不可偏離教學內容和安排。

（2）提前準備好調研的名稱樣本集，引導學生快速確定本小組擬調研的項目（大量實踐經驗表明學生由於缺乏相應鍛煉，會在選擇和確定題目環節花費大量時間）。

（3）強調實驗的仿真性，必須將實驗置於職業場景中，避免學生以實驗環境為依託，出現低級錯誤。例如，在實驗環境中，學生的預算可能為「零」。

【思考題】

（1）保險信息的獲取渠道有哪些？

（2）進行市場調研的方法有哪些？

（3）根據給定條件完成調研方案的設計。

【參考文獻】

［1］方有恒，郭頌平. 保險營銷學［M］. 上海：復旦大學出版社，2013.

［2］張洪濤，時國慶. 保險營銷管理［M］. 北京：中國人民大學出版社，2005.

［3］徐井崗. 市場調研與預測［M］. 北京：科學出版社，2009.

[4] 黃丹. 市場調研與預測 [M]. 北京：北京師範大學出版社，2007.

第三部分　實驗報告

一、實驗報告總表

實驗報告總表如表 3.4 所示：

表 3.4　　　　　　　　　　　實驗報告總表

實驗編號及實驗名稱		實驗 3　保險市場調研方案制訂			
分組編號		組長姓名		組長學號	
實驗地點		實驗日期		實驗時數	2 學時
指導教師		同組其他成員		評定成績	

實驗內容及步驟	實驗內容	教學形式	時間控制	注意事項
	保險營銷信息認知	分組討論 網站點擊搜索	20 分鐘	能列出主要保險營銷信息來源（網站等）
	熟悉保險營銷調研的步驟	分組討論 自主學習	20 分鐘	學生上網自主學習
	確定調研目標	分組討論 情景模擬	5 分鐘	明確界定調研問題
	信息甄別討論	分組討論	15 分鐘	明確需要哪些信息、信息來源等
	制訂與完善調研方案	分組討論	20 分鐘	信息收集方法、工作進度、預案等

實驗總結	

教師評語	

二、實驗操作與記錄

　　（一）保險市場信息分類及管理
　　（1）將本小組知曉的保險營銷信息來源列出如下：
　　來源：_____　　主要信息：_____
　　來源：_____　　主要信息：_____
　　來源：_____　　主要信息：_____
　　來源：_____　　主要信息：_____
　　來源：_____　　主要信息：_____
　　來源：_____　　主要信息：_____
　　來源：_____　　主要信息：_____
　　來源：_____　　主要信息：_____
　　來源：_____　　主要信息：_____
　　（2）請列舉一個案例，說明信息對保險營銷工作的重要性。
　　①案例描述如下：

　　②案例中起關鍵作用的信息如下：

　　（二）保險營銷調研的步驟
　　請將保險營銷調研的主要步驟繪製成圖（流程圖），並標註本步驟的要點。

　　（三）完成制定調研項目
　　（1）本小組調研的情景假設（調研背景）如下：

（2）列出本小組的調研方案

題目：＿＿＿＿＿＿＿＿＿＿＿＿＿＿＿＿＿＿調研方案

（請自擬題目，可參考實驗 3 附件）

＊以下內容僅作為提示，不是標準方案模板。各小組可以採用其他格式＊

一、確定調研目標

二、制訂調研計劃（信息、信息收集、工作進度、成本等）

1. 請介紹需要哪些信息？這些信息的來源是什麼？

2. 打算如何收集這些信息（如果涉及調查問卷，請設計不少於 5 個問題，關於問卷設計在實驗 4 中有深入探討）。

3. 請描述詳細的工作進度，包括部門、人力分配、時間安排等。

4. 請估算合理的調研成本。

5. 請設計調研方案預案（即突發事件預備案等）。

三、實施調研計劃（請按照小組調研方案，結合實驗室條件盡可能實施，由於時間有限，可以在課外完成）

四、陳述研究發現（調研報告）（限於實驗時間，這一步在上課時間內不作具體要求，本實驗重點在於調研方案制訂，查閱相關資料，瞭解調查報告的寫作要點）

【實驗3　附件】　調研題目參考（注意題目應該是「×××調研方案」）

表 3.5　　　　　　　　　×××調研方案

上海壽險公司營銷員收入、福利情況調研報告
中國保險營銷員管理體制問題研究
保險公司資產負債管理的挑戰與實踐
金融危機背景下保險需求變化趨勢調研報告
搶抓機遇成效明顯 基礎薄弱問題突出——河南農村保險發展狀況調查報告
保險業參與基本醫療保障經辦管理調研報告
發展成效初顯 路徑依賴難消——貴州農村小額人身保險發展的調研報告
北京保險市場規範情況調查問卷的分析報告
保險業發展方式出現積極變化關鍵問題亟待破解
探索保險監管創新 推進發展方式轉變
天津市實施醫療保險中定點醫院工作管理的調研

表3.5(續)

華安小額農貸信用保險調研報告
保險業參與流動人口保險保障調研報告
保險電話營銷法律問題調研報告
在上海建立保單轉讓市場研究
大連市失地農民養老保險調研
陝西省神木縣實施「全民免費醫療」對人身保險業務的影響
江西「三農」保險參與農村金融合作的情況、問題和建議
重慶交強險經營虧損情況調研報告
河北省意外傷害保險激活式聯名卡業務調研報告
人口結構變化對青海壽險業未來發展的影響分析及應對策略
北美壽險公司如何「穩增長、防風險」
北京保監局推動實施機動車商業保險費率浮動制度成效初顯
大童北分改革傳統營銷員管理體制的主要做法和成效
保險進社區流程體系理論與應用研究
學貸險的現狀、問題與機制的完善
廣西壯族自治區與其他西部民族地區保險仲介發展調查研究

實驗 4　調查問卷設計

第一部分　調查問卷設計基礎知識

一、調查問卷的概念、內容和類型

（一）調查問卷的概念

調查問卷又稱調查表或詢問表，是以問題的形式系統地記載調查內容的一種文件，是一種常見的調查工具，經常被應用於經濟學、社會學等領域。調查問卷可以是表格式、卡片式或簿記式。設計調查問卷是詢問調查的關鍵。完美的調查問卷必須具備兩個功能，即能將問題傳達給被問的人和使被問者樂於回答。

（二）調查問卷的主要內容

調查問卷的一般結構有標題、說明、主體、編碼號、致謝語和實驗記錄 6 項內容（見表 4.1）。

表 4.1　　　　　　　　　　調查問卷的主要內容

序號	項目	內容
1	標題	每份問卷都有一個研究主題。研究者應開宗明義地定個標題，反應研究主題，使人一目了然，增強填答者的興趣和責任感。
2	說明	說明（引言和註釋）可以是一封告調查對象的信，也可以是指導語，說明調查的目的與意義、主要內容、保密措施，以及填答問卷的要求與注意事項等。下面同時填上調查單位的名稱和年月日。
3	主體	問題和答案是問卷的主體。從形式上看，問題可以分為開放式和封閉式兩種。從內容上看，問題可以分為事實性問題、意見性問題、斷定性問題、假設性問題和敏感性問題等。
4	編碼號	規模較大且需要運用電子計算機統計分析的調查要求所有的資料數量化，與此相適應的問卷就要增加一項編碼號內容。
5	致謝語	為了表示對調查對象真誠合作的謝意，研究者應當在問卷的末端寫上感謝的話，如果前面的說明已經有表示感謝的話語，那可不用致謝語。
6	實驗記錄	實驗記錄的作用是用以記錄調查完成的情況和需要復查、校訂的問題，格式和要求都比較靈活，調查訪問員和校驗者均在上面簽寫姓名和日期。

（三）調查問卷的類型

調查問卷可以按照不同的分類標準進行分類（見圖 4.1）。

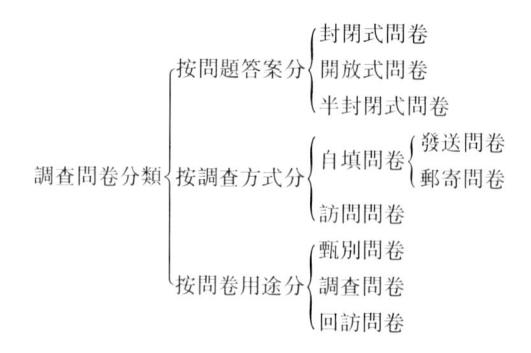

```
                    ┌ 按問題答案分 ┌ 封閉式問卷
                    │              │ 開放式問卷
                    │              └ 半封閉式問卷
                    │                           ┌ 發送問卷
    調查問卷分類 ┤ 按調查方式分 ┌ 自填問卷 ┤
                    │              │            └ 郵寄問卷
                    │              └ 訪問問卷
                    │              ┌ 甄別問卷
                    └ 按問卷用途分 ┤ 調查問卷
                                   └ 回訪問卷
```

圖 4.1　調查問卷的類型

二、調查問卷設計

（一）調查問卷設計的原則

調查問卷設計一般要遵循主題明確、結構合理且邏輯性強、通俗易懂、長度適宜、標準化等原則（見表 4.2）。

表 4.2　　　　　　　　　　　調查問卷設計原則

設計原則	說明
主題明確	根據主題，從實際出發擬題，問題目的明確、重點突出，不設計那些可有可無的問題。
結構合理且邏輯性強	問題的排列應有一定的邏輯順序，符合應答者的思維程序。一般是先易後難、先簡後繁、先具體後抽象。
通俗易懂	調查問卷應使應答者一目了然，並願意如實回答。調查問卷中語氣要親切，符合應答者的理解能力和認識能力，避免使用專業術語。對敏感性問題採取一定的技巧調查，使調查問卷具有合理性和可答性，避免主觀性和暗示性，以免答案失真。
長度適宜	回答調查問卷的時間一般控制在 20 分鐘以內，調查問卷中既不浪費一個問句，也不遺漏一個問句。
標準化	便於資料的校驗、整理和統計。

（二）調查問卷設計的程序

調查問卷設計一般按照把握目的和內容、收集資料、確定調查方法、確定內容、決定結構等步驟進行（見圖 4.2）。

圖 4.2 調查問卷設計的程序

把握目的和內容	確定設計調查問卷所需的信息，需要認真討論調研的目的、主題和理論假設，并細讀研究方案，將問題具體化、條理化和操作化，變成一系列可以測量的變量或指標。
收集資料	收集資料的目的主要有：幫助研究者加深對所調查研究問題的認識；為問題設計提供豐富的素材；形成對目標總體的清楚概念。 在收集資料時對個別調查對象進行訪問，可以幫助了解受訪者的經歷、習慣、文化水平以及對問卷問題知識的豐富程度等。
確定調查方法	在面訪調查中，可以詢問較長的、復雜的和各種類型的問題。在電話訪問中，祇能問一些短的和比較簡單的問題。郵寄問卷應簡單些并要給出詳細的指導語。在計算機輔助訪問（CAPI和CATI）[①]中，可以實現較復雜的跳答和隨機化安排問題，以減小由於順序造成的偏差。
確定內容	調查問卷中的每一個問答題都應對所需的信息有所貢獻，或服務于某些特定的目的。如果從一個問答題得不到滿意的可以使用的數據，那麼這個問答題就應該被取消。
決定結構	開放性問題是指被調查者用他們自己的語言自由回答，不具體提供選擇答案的問題。開放性問題在探索性調研中很有幫助。封閉性問題則規定一組可供選擇的答案和固定的回答格式。
其他事項	決定問題的措詞、安排問題的順序、確定格式和排版、擬定調查問卷的初稿、進行預調查、制成正式的調查問卷。

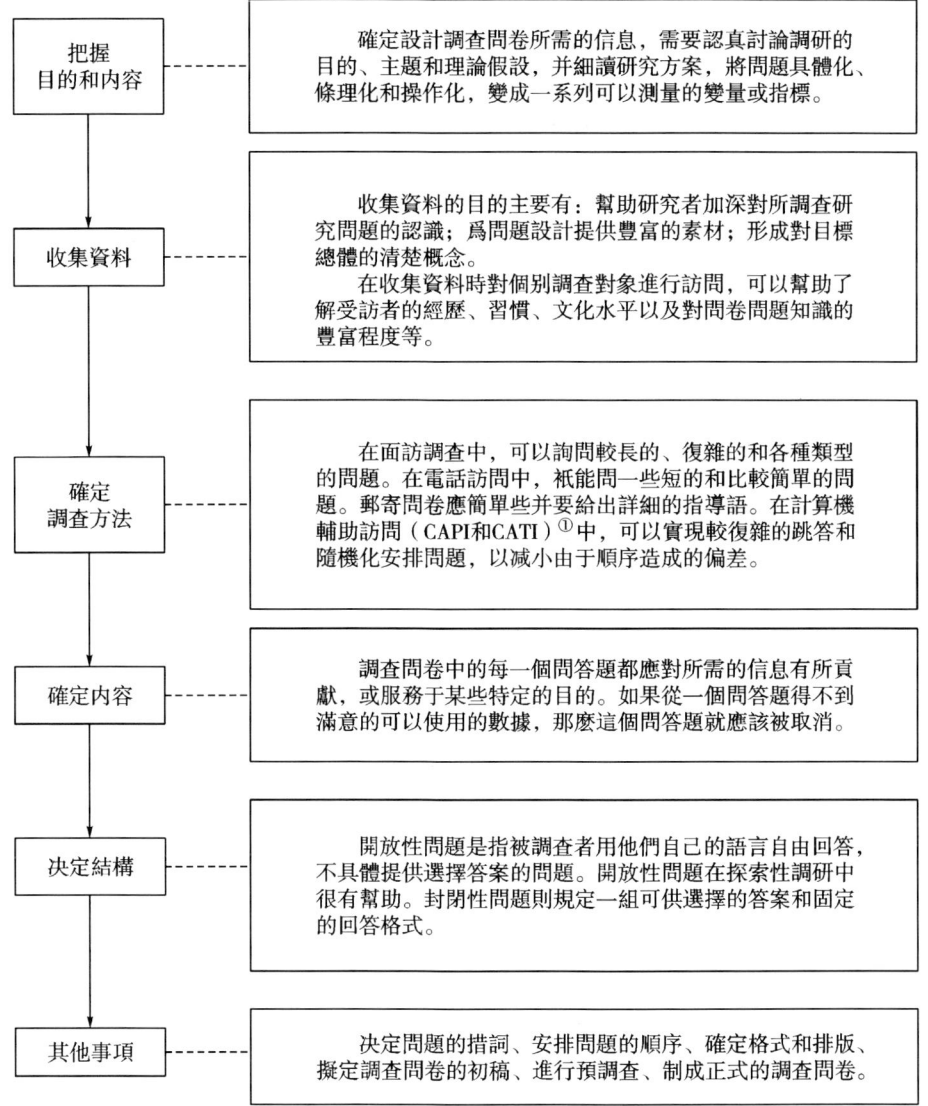

圖 4.2　調查問卷設計的程序

（三）調查問卷問題設計的技巧

設計者可以根據實際需要設置事實性問題、意見性問題和困窘性問題等。事實性問題主要是要求應答者回答一些有關事實的問題。意見性問題，即態度調查問題。困窘性問題是指應答者不願在調查員面前作答的某些問題，比如關於隱私的問題，或不

[①] CATI（Computer Assisted Telephone Interview），即計算機輔助電話訪問，是將現代高速發展的通信技術及計算機信息處理技術應用于傳統的電話訪問所得到的產物；CAPI（Computer Assisted Personal Interviewing），即計算機輔助面訪，與CATI的基礎原理基本一致，區別主要在其表現形式較CATI豐富，如支持照片、圖片等。

為一般社會道德所接納的行為、態度，或屬有礙聲譽的問題（見表4.3）。

表4.3　　　　　　　　　　　　　　問題類型與說明

問題類型	說明
事實性問題	事實性問題的主要目的在於求取事實資料。因此，事實性問題中的字眼定義必須清楚，讓應答者瞭解後能正確回答。市場調查中，許多問題均屬事實性問題，如應答者個人的資料（職業、收入、家庭狀況、居住環境、教育程度等）。
意見性問題	意見性問題詢問應答者一些有關意見或態度的問題。
困窘性問題	如果想獲得困窘性問題的答案，又避免應答者作不真實的回答，可採用的方法有：間接問題法；卡片整理法；隨機反應法；設置斷定性問題，即在斷定性問題之前加一條「過濾」問題；設置假設性問題。

（四）調查問卷的措辭語言

無論哪種調查問卷，措辭語言十分重要，要求簡潔、易懂、不會令人產生誤解。這在語言各個方面都有要求，具體如下：

（1）多用普通用語、語法，對專門術語必須加以解釋。

（2）要避免一句話中使用兩個以上的同類概念或雙重否定語。

（3）要防止誘導性、暗示性的問題，以免影回應答者的思考。

（4）問及敏感性的問題時要講究技巧。

（5）行文要淺顯易讀，要考慮到應答者的知識水準及文化程度，不要超過應答者的領悟能力。

（6）可運用方言，訪問時更是如此。

三、評價標準

（一）問卷能否提供決策的信息

調查問卷的主要作用就是提供管理決策所需的信息，任何不能提供管理或決策重要信息的調查問卷都應被放棄或修改。

（二）考慮到應答者

一份調查問卷應該簡潔、有趣、具有邏輯性並且方式明確。儘管一份調查問卷可能是在辦公室裡製作出來的，但它要在各種情景和環境條件下實施。設計調查問卷的研究者不僅要考慮主題和受訪者的類型，還要考慮訪問的環境和問卷的長度，使調查問卷適合於應答音。調查問卷的設計者必須避免使用專業術語和可能被應答者誤解的術語。只要沒有侮辱或貶低之意，最好是運用簡單的日常用語。

（三）編輯和數據處理的需要

一旦信息收集完畢，就要進行編輯。編輯是指檢查調查問卷以確保按跳問形式進行（如果有跳問的話），並且需要填寫的問題已經填好。

（四）調查問卷服務於許多管理者

一份調查問卷必須具有以下功能：

（1）調查問卷必須完成所有的調研目標，以滿足收集信息的需要。

（2）調查問卷必須以可以理解的語言和適當的智力水平與應答者溝通，並獲得應答者的合作。

（3）對訪問員來講，調查問卷必須易於管理，可以方便地記錄下應答者的回答。

（4）調查問卷必須有利於方便快捷地編輯和檢查完成的調查問卷，並容易進行編碼和數據輸入。

（5）調查問卷必須可以轉換為能回答起初問題的有效信息。

第二部分　實驗設計

一、實驗基本情況

（一）實驗目的

通過實驗教學，讓學生瞭解調查問卷設計的原則，熟悉調查問卷設計的技巧，能夠避免調查問卷設計的常見錯誤，能掌握初步的調查問卷設計組織與分析能力。

（二）環境用具

電腦、保險實驗教學軟件、網絡連接、保險學術期刊、保險統計信息資料、保險公司基本信息。

（三）實驗學時

2學時。

（四）實驗形式

分組討論、案例分析、軟件操作。

（五）實驗重點

調查問卷設計原則、調查問卷設計常見錯誤、調查問卷設計技巧。

二、實驗內容與教學組織

（一）調查問卷設計構思

（1）結合實驗3保險市場調查方案制訂，設計配套的調查問卷（也可以獨立於實驗3）。

（2）按照調查問卷設計的原則、要求等評估和調整小組調查問卷構思，要求闡述調查問卷設計思路和依據。

（二）調查問卷設計實施

（1）指導學生登陸問卷星網站（http://www.sojump.com/），熟悉該網站基本內容。

（2）將小組的調查問卷設計構思在問卷星網站實現。

（三）調查問卷發放與修正

（1）嘗試通過問卷星網站或其他途徑發放本小組調查問卷

（2）通過對發放及回收結果進行分析，找出原有設計的不足之處，並提出修正建議與措施。

【注意事項】

(1) 調查問卷設計構思需要在上實驗課之前就形成初稿,以節約實驗時間。

(2) 教師要對問卷星網站預瀏覽,熟悉其內容,保證其可用性。

【思考題】

(1) 調查問卷設計的原則有哪些?

(2) 哪些情況不需要用到調查問卷?

【參考文獻】

[1] 張洪濤,時國慶. 保險營銷管理 [M]. 北京:中國人民大學出版社,2005.

[2] 肖曉春. 精細化營銷 [M]. 北京:中國經濟出版社,2008.

第三部分 實驗報告

一、實驗報告總表

實驗報告總表如表4.4所示:

表4.4　　　　　　　　　　實驗報告總表

實驗編號及實驗名稱	實驗4　調查問卷設計			
分組編號		組長姓名		組長學號	
實驗地點		實驗日期		實驗時數	2學時
指導教師		同組其他成員		評定成績	

實驗內容及步驟	實驗內容	教學形式	時間控制	注意事項
	調查問卷設計構思	分組討論	20分鐘	盡量在實驗課之前形成初稿
	調查問卷設計的完成	分組討論	40分鐘	通過問卷星(http://www.sojump.com/)等網站,輔助完成設計
	調查問卷發放與修正	分組討論	20分鐘	嘗試發放小組的調查問卷,做好回收工作,根據回收情況分析設計的合理性

表4.4(續)

實驗總結	
教師評語	

二、實驗操作與記錄

　　(一) 調查問卷設計構思

　　(1) 通過調查問卷擬收集的信息主要如下：

　　(2) 調查問卷發放渠道主要如下：

　　(3) 調查問卷的目標受訪者特徵描述如下：

（4）其他注意事項如下：

（二）調查問卷設計實施
（1）請將小組登陸問卷星網站之後的操作過程進行簡單描述。

（2）請將小組的調查問卷設計構思在問卷星網站實現的結果進行截圖並保存。

（三）調查問卷發放與修正（上課時間有限，可以在課後繼續完成）
（1）嘗試通過問卷星網站或其他途徑發放小組調查問卷，將發放及回收情況進行描述（200字以內）。

（2）通過對調查問卷發放及回收結果進行分析，找出原有設計的不足之處，並提出修正建措施（300字以內）。

【實驗 4　附件】　調查問卷樣本

中国人民财产保险股份有限公司深圳市分公司
PICC Property and Casualty Company Limited Shenzhen Branch

校園方責任險風險調查/問詢表

該調查表須在現場查勘的基礎上認真填寫，填寫好後作為第 PZCJ200644031607000001 號校園方責任險的風險防範參考材料交保險人及被保險人審核。

學校名稱：_____

詳細地址：_____（市）_____（區）_____（街道）_____郵編：_____

聯繫人：_____　聯繫電話：_____　電子信箱：_____

1. 基本概況

1.1 學校類別：□大學　□高中　□初中　□小學　□幼兒園

1.2 成立時間：_____

1.3 總投資額：（折合人民幣）_____元

1.4 學校規模：

佔地_____平方米

學生總人數_____　　教師總人數_____

年級（院系）數_____　　班級總數_____

1.5 校園處於：　□河（海、湖、水庫）邊，相距_____米

□山坡上　□山腳下　□低窪處　□平原

1.6 校園的周圍環境：

東：	距離	米	西：	距離	米
南：	距離	米	北：	距離	米

1.7 校園校門是否在交通主幹道旁邊：　□是　□否

1.8 建築物及重要設施：

1.8.1　主建築物_____棟，其中實驗室_____個，鍋爐房_____個

1.8.2　田徑場_____個，面積_____平方米

　　　　游泳池_____個，面積_____平方米

　　　　籃球場_____個　排球場_____個

　　　　羽毛球場_____個　網球場_____個

　　　　其他場地_____個，用途_____

_____

_____（如有，請在此說明用途）

1.8.3　校巴____輛　使用性質：自有____輛　外租____輛

每輛每天平均使用頻率：往返_____次

車輛狀況：五年以內_____輛　五年以上_____輛

2. 硬件設施

2.1 建築物的使用情況：

名稱或某層	使用年限	結構	占地面積（平方米）	高度（米或層數）	占用性質	滅火器材及設施	電氣線路情況

說明：

第一，建築物結構指鋼筋混凝土結構（A）、鋼結構（B）、磚砌/石頭（C）、木材（D）、其他（E），請註明。

第二，建築物的占用性質指辦公樓（A）、教學樓（B）、體育場館（C）、宿舍（D）。

第三，滅火器材及設施指手提滅火器（A）、手推滅火器（B）、室內消火栓（C）、室外消火栓（D）、火災自動報警裝置（E）、自動滅火裝置（F）、暢通的消防通道（G）。

第四，電氣線路情況指穿套保護套管（A）、裝有可靠的保險裝置（B）、亂拉亂接電線（C）、電線嚴重老化（D）。

2.2 避雷設施：無□　有□_____套

2.3 散熱、排菸裝置：無□　有□_____套

2.4 防火牆、門：無□　有□　耐火時間_____小時

2.5 實驗室：_____個

是否使用危險品：無□　有□

危險品是否存放在獨立的符合防火防爆要求的倉庫內：□是　□否

主要危險品的名稱及其燃燒性（易燃、可燃、難燃或不燃）：

名稱：_____

燃燒性：_____

上年度最大存貨量：_____　平均存貨量：_____

2.6 鍋爐臺數：_____　類型：蒸汽□　熱水□　其他□

燃料：□柴油　□煤　□其他

2.7 消防系統：

火災探測（報警）系統：無□　有□

對特殊消防系統和火災探測（報警）系統是否由專業人員定期進檢測和維護：

□是　間隔時間_____天　□否

報警信號送至：警衛室□　控制中心□　其他□
現有消防設施有無通過驗收：無□　有□
驗收時間：＿＿年＿＿月　驗收結果：合格□　不合格□
離學校最近的消防隊距離：＿＿＿＿＿　反應速度：＿＿＿＿＿＿＿
2.8 防盜警報系統：無□　有□
紅外線□　錄像監控□　門磁□　其他□＿＿＿＿
□監控攝像頭　數量＿＿＿＿個

3. **管理制度**
3.1 是否建立安全管理責任人制度：□是　□否
責任人：＿＿＿＿＿（姓名或職務）
3.2 門衛制度：
門衛人數＿＿＿＿　學校員工□　保安公司□
巡邏　無□　有□　兩次巡視之間間隔＿＿＿＿小時
記錄　有□　無□
□出入大門登記制度　□夜間、公休日和節假日均有人值班
3.3 校舍安全檢修制度：
是否定期對校舍、場地及校內設施定期檢查維修　是□　否□
定期維修時間＿＿＿＿＿
3.4 宿舍管理制度：
是否有專門的管理員　　　　　　　　　　　是□　否□
宿舍區是否設有醫務室　　　　　　　　　　是□　否□
宿舍區是否設有專門的貴重財產物品保險箱　是□　否□
3.5 校巴檔案管理制度：
是否建立校巴的維修、保養記錄　　　　　　是□　否□
對駕駛員作何要求＿＿＿＿＿＿＿＿＿＿＿＿＿＿＿＿＿＿
是否購買足夠的機動車輛車上乘客責任保險　限額＿＿＿＿萬元
3.6 消防防火制度：
□每層樓配備完整的消防設施
□禁止吸菸和使用明火
□保持工作場所整潔
定期消防設施維護　□無　□有　書面記錄　□無　□有
防火安全管理機構　□無　□有
防火安全責任制　　□無　□有
校內專職消防隊　　□無　□有　隊員人數＿＿＿＿＿＿
定期組織學生學習消防知識和進行消防演習　□無　□有
3.7 食品安全管理制度：
食堂營業性質　□學校員工管理　□承包給校外人員管理
是否定期對食堂衛生作檢查　是□　檢查時間每＿＿天/次　否□

41

3.8 與家長聯繫制度：
學校是否建立每個學生的父母或其他監護人的緊急聯繫方式的檔案　□是　□否
3.9 緊急突發事件應急處理制度：
學校是否建立發生緊急突發事件的危機處理預案　　□是　□否
是否經常演習　　　是□　每____月/次　否□

4. 學校開辦以來發生的重大財產損失及人員傷亡情況

	日期	出險原因和情況	損失金額
1			
2			
3			
4			
5			
6			
7			
8			

投保人聲明：
上述陳述及詳細資料均屬真實，未錯報或隱瞞任何資料的實情。

投保人：　　　　　（簽章）
年　月　日

第 3 章　目標市場選擇與營銷策劃

實驗 5　目標市場選擇

第一部分　目標市場選擇基礎知識

一、保險市場細分

（一）保險市場細分的定義

所謂保險市場細分，就是保險公司根據保險消費者的需求特點、投保行為的差異性，把保險總體市場劃分為若干子市場，即細分市場的過程。每一個細分市場都是由需求大致相同的保險消費者群體構成的。因此，保險市場細分不是根據不同的險種細分市場，而是根據保險消費者需求的不同劃分市場；不是將險種加以劃分，而是將消費者加以劃分。保險市場細分對保險營銷工作具有重要作用（見圖 5.1）。

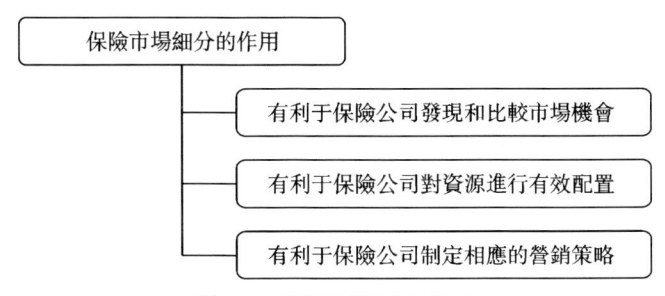

```
保險市場細分的作用
├── 有利于保險公司發現和比較市場機會
├── 有利于保險公司對資源進行有效配置
└── 有利于保險公司制定相應的營銷策略
```

圖 5.1　保險市場細分的作用

（二）保險市場細分的依據

保險市場細分的程度有三種，即完全細分、單因素細分和多因素細分（見表 5.1）。有時利用過多的因素只會增加用于覆蓋這些細分市場的時間和費用。因此，在細分一個市場的時候，每位營銷人員都必須分析具體情況，以確定需要考慮幾個變量、哪幾個變量（見圖 5.2）。

表 5.1　　　　　　　　　　保險市場細分的程度

程度	說明
完全細分	將每個消費者細分成一個單獨的市場，細分後的子市場的總數量等於總體市場消費者的數量。

表5.1(續)

程度	說明
單因素細分	以對消費者需求影響最大的某個因素，如收入水平來細分一個市場。
多因素細分	利用兩個或兩個以上的影響因素來細分一個市場。

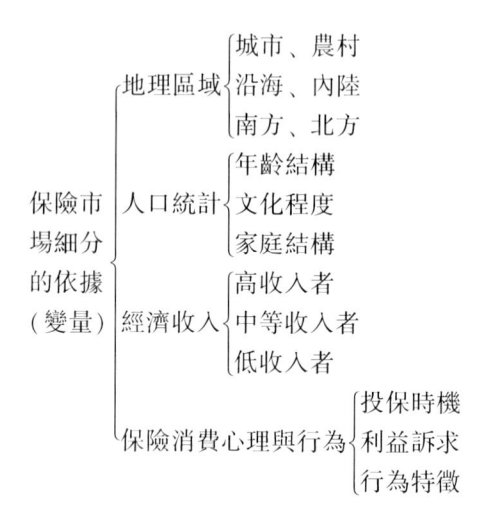

保險市場細分的依據（變量）：
- 地理區域
  - 城市、農村
  - 沿海、內陸
  - 南方、北方
- 人口統計
  - 年齡結構
  - 文化程度
  - 家庭結構
- 經濟收入
  - 高收入者
  - 中等收入者
  - 低收入者
- 保險消費心理與行為
  - 投保時機
  - 利益訴求
  - 行為特徵

圖5.2　保險市場細分的依據（變量）

（三）保險市場細分的要求

劃分細分市場的關鍵是確定消費者中哪些特徵促使他們有相似的需求或產生明顯的購買行為。不是每個市場都能夠或應該被細分的，成功有效的市場細分，必須符合一定的要求（見表5.2）。

表5.2　　　　　　　　　保險市場細分的要求

要求	說明
明顯的共性	每個細分市場（子市場）必須有各自的構成群體、共同的特徵和類似的購買行為。
可衡量性	子市場必須是可識別、可衡量的。作為細分市場標準的資料應該是能夠得到的，子市場的人數、購買量及潛在購買能力應該是可以衡量的。
效益性	子市場必須在一定時期內具有穩定性，必須具備一定的市場潛力，能滿足特定的利益訴求。
可接觸性	子市場應該是保險公司的營銷活動能夠通達的、保險公司的商品或服務能夠送抵的、保險公司的信息通過適合的媒體能夠傳達到的市場。

（四）保險市場細分的步驟

1. 市場調查

保險市場細分首先要進行市場調查，掌握大量市場環境、消費者的購買行為、競

爭情況的資料。為了收集充足的資料，達到精確地細分市場的目的，在進行抽樣調查中，抽樣的人數以較多為宜。調查的內容包括：
(1) 對保險重要性的認識程度；
(2) 保險公司的知名度；
(3) 保險的投保方式；
(4) 調查對象的人口特徵、心理特徵及宣傳媒體等。

2. 分析資料

保險公司在收集了大量資料的基礎上，瞭解到不同消費者的需求，分析可能存在的細分市場。在分析時，保險公司應考慮到消費者的地域分佈、人口特徵、購買行為等方面的情況。此外，保險公司還應根據自己的經營經驗，進行估計和判斷。確定細分市場所考慮的因素時，保險公司應分析哪些是重要的，然後刪除那些對各個細分市場都是重要的因素。例如，保險費率低可能對所有潛在消費者都是很重要的，但是這類共同的因素對細分市場並不重要。

3. 細分市場

保險公司應根據有關市場細分的標準對保險市場進行細分後，根據各個細分市場消費者的特徵，確定這些細分市場的名稱。然後把各個細分市場與人口地區分佈和其他有關消費者的特徵聯繫起來，分析各細分市場的規模和潛力，以幫助選擇目標市場。

保險市場細分程序如圖5.3所示：

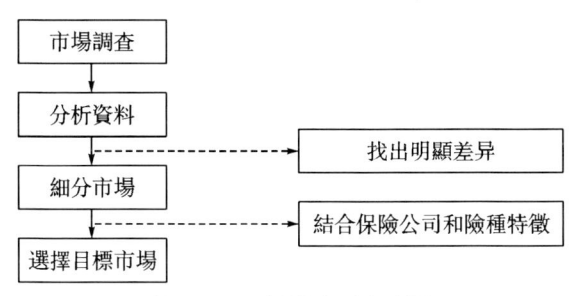

圖5.3 保險市場細分程序圖

二、保險營銷目標市場選擇

所謂目標市場，是指在需求異質性市場上，保險公司根據自身能力所能滿足的現有和潛在的消費者群體的需求；是指保險公司決定要進入的市場，準備為之提供保險服務的顧客群體。有了明確的目標市場，保險公司才可以提供適當的產品或服務及根據目標市場的特點制定一系列的措施和策略，實施有效的市場營銷組合，即目標市場營銷。

(一) 評估細分市場

為了選擇適當的目標市場，保險公司必須對有關子市場進行評估。保險公司評估細分市場主要從三方面考慮（見表5.3）。

表 5.3　　　　　　　　　　　評估細分市場

評估項目	說明
市場規模和增長潛力	適當規模是相對保險公司的規模與實力而言的。市場增長潛力的大小也關係到保險公司銷售和利潤的增長，但是有發展潛力的市場也常常是競爭者激烈爭奪的目標，這又減少了獲利的機會。
子市場的吸引力	決定整體市場或細分市場是否具有長期吸引力的有五種力量：現有的競爭者、潛在的競爭者、替代產品、購買者、供應者。保險公司必須充分估計這五種力量對長期獲利率所造成的威脅和機會。
保險公司本身的目標和資源	是否符合保險公司的長遠目標；是否具備在該市場獲勝所必要的能力和資源。

（二）目標市場營銷策略

保險公司對細分市場評估之後，就要決定採取何種營銷策略（見表 5.4 和圖 5.4）。

表 5.4　　　　　　　保險公司可採取的目標市場營銷策略

目標市場策略	說明
無差異性市場策略	保險公司只推出一種產品，將整個市場確定為該產品的目標市場，並為該產品設計單一的直接面向整個市場的營銷組合。
差異性市場策略	保險公司針對每個細分市場的需求特點，分別為之設計不同的產品，採取不同的市場營銷方案，滿足各個細分市場上不同的需要。
集中性市場策略	保險公司選擇一個或少數幾個子市場作為目標市場，制訂一套營銷方案，集中力量為之服務，爭取在這些目標市場上佔有大量份額。

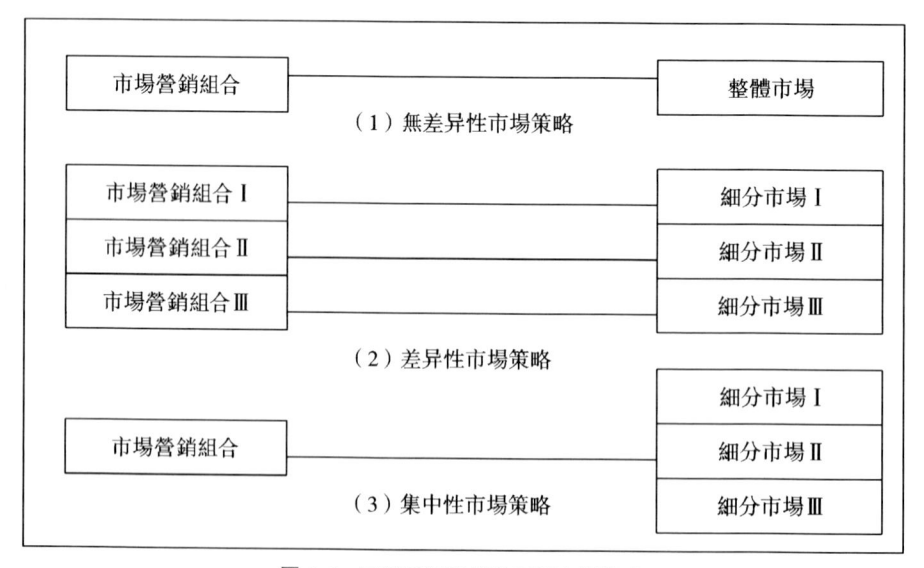

圖 5.4　三種可供選擇的目標市場策略

（三）目標市場選擇的依據

上述三種目標市場策略各有利弊和適用範圍，保險公司在選擇目標市場策略時，必須全面考慮各種因素，權衡得失，慎重決策（見圖5.5）。

1. 保險公司的實力

一般來說，大型保險公司實力比較雄厚，人力、物力、財力資源比較充足，可以採用無差異性市場策略和差異性市場策略。中小保險公司由於缺乏實力，所以比較適用集中性市場策略。

2. 市場差異性的大小

市場差異性的大小是指市場是否「同質」。如果市場上所有顧客在同一時期偏好相同，對營銷刺激的反應也相近，則可視為「同質市場」，宜實行無差異性營銷策略；反之，如果市場需求的差異性較大，則為「異質市場」，宜採用差異性或集中性策略。

3. 保險產品生命週期

新產品在試銷期和成長期較適合於採用集中性市場策略或無差異性市場策略，到了成熟期一般適合採用差異性市場策略和集中性市場策略。

4. 競爭對手狀況

一般來說，保險公司的目標營銷策略應該與競爭對手有所區別，反其道而行之。當競爭對手採用的是無差異性市場策略，則本保險公司應當採用差異性市場策略或集中性市場策略；當競爭對手已經採取了差異性市場策略，則本保險公司就不宜採用無差異性市場策略。

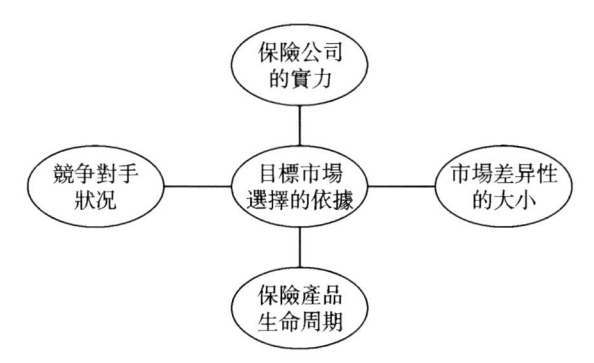

圖5.5　保險目標市場選擇的依據

三、市場定位

（一）市場定位的概念

市場定位是指為某產品確定一個與競爭者及其產品相對的位置或市場地位，並整合營銷策略來支撐這一地位。具體來講，就是要在目標顧客的心目中為保險公司和險種創造一定的特色，賦予一定的形象，以適應消費者一定的需要和偏好。通過定位，保險公司可以進一步明確競爭對手和競爭目標；通過定位，保險公司可以發現競爭雙方各自的優勢和劣勢。實質上，市場定位最終就是要設法建立一種競爭優勢，以便在目標市場上吸引更多的顧客。

（二）市場定位的程序

一個完整的市場定位過程，通常由以下幾個環節組成（見圖5.6）：

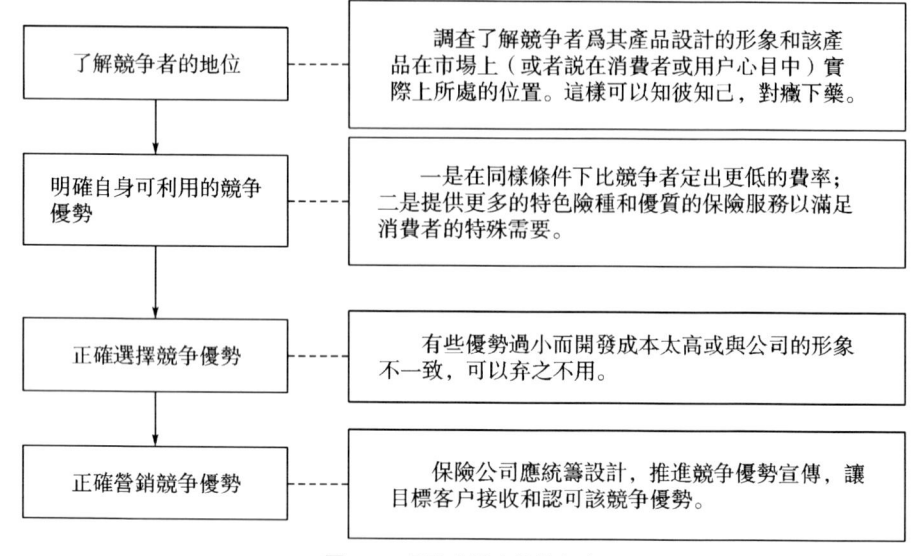

了解競爭者的地位 ---- 調查了解競爭者為其產品設計的形象和該產品在市場上（或者說在消費者或用戶心目中）實際上所處的位置。這樣可以知彼知己，對症下藥。

明確自身可利用的競爭優勢 ---- 一是在同樣條件下比競爭者定出更低的費率；二是提供更多的特色險種和優質的保險服務以滿足消費者的特殊需要。

正確選擇競爭優勢 ---- 有些優勢過小而開發成本太高或與公司的形象不一致，可以棄之不用。

正確營銷競爭優勢 ---- 保險公司應統籌設計，推進競爭優勢宣傳，讓目標客戶接收和認可該競爭優勢。

圖5.6　保險市場定位的程序

總之，市場定位應當是一個連續的過程，不應僅僅停留在為某個保險公司及其產品設計和塑造個性與形象階段，更重要的是如何通過一系列營銷活動把這種個性與形象傳達給顧客。市場定位的最終目的是使產品的潛在顧客覺察、認同保險公司為產品所塑造的形象，並培養顧客對產品的偏好和引發購買行動。因此，保險公司在實施定位的過程中，必須全面、真實地瞭解潛在顧客的心理、意願、態度和行為規律，提出和實施極具針對性的促銷方案。只有這樣才從真正意義上使保險公司或產品在市場上確定適當的競爭地位。

第二部分　實驗設計

一、實驗基本情況

（一）實驗目的

通過實驗教學，讓學生理解目標市場選擇的重要性，能夠基本掌握市場細分的要點；能夠結合本公司的實力、市場差異性的大小、競爭對手狀況等來靈活選擇自己的目標市場；能夠明確自身的競爭優勢，並加以利用。通過實驗還要求學生能較好地運用實驗條件，增強團隊協作能力。

（二）環境用具

電腦、保險實驗教學軟件、網絡連接、保險學術期刊、保險統計信息資料、保險公司基本信息。

（三）實驗學時

2學時。

（四）實驗形式

分組討論、案例分析、情景模擬。

（五）實驗重點

目標市場選擇與市場定位相結合。

二、實驗內容與教學組織

（一）目標市場選擇的重要性

（1）分組查找友邦保險、天平車險、中信保等公司的案例，理解目標市場選擇的重要性。

（2）引導學生分析目標公司的相關數據，說明目標市場選擇正確與否對公司的影響。

（二）市場細分的具體實施

（1）引導學生假設某保險公司的基本條件，分析該公司進行市場細分的目的。

（2）在已有的市場細分基礎上，選擇本公司適用的細分依據。

（3）能夠對目標市場進行一定的分析和對比，明確細分的合理性。

（三）結合公司定位等因素進行目標市場選擇

（1）在對目標市場進行對比分析的基礎上，結合公司的定位、競爭情況、公司實力、消費者需求等因素篩選目標市場。

（2）將本次目標市場選擇的決策過程形成分析報告。

【注意事項】

（1）教師要提前準備案例或案例資源連結、目標市場選擇報告的寫作模板等資料。

（2）目標細分和市場選擇的公司內部資料很少，重點應該放在對外部數據和案例的分析上，要引導學生認真分析，不可空談。

【思考題】

（1）市場細分的依據有哪些？

（2）如何衡量市場細分的效果？

（3）選擇目標市場應該考慮哪些因素？

【參考文獻】

［1］張洪濤，時國慶．保險營銷管理［M］．北京：中國人民大學出版社，2005.

［2］肖曉春．精細化營銷［M］．北京：中國經濟出版社，2008.

第三部分　實驗報告

一、實驗報告總表

實驗報表總表如表 5.5 所示：

表 5.5　　　　　　　　　　　　　實驗報告總表

<table>
<tr><td colspan="2">實驗編號及實驗名稱</td><td colspan="5">實驗 5　目標市場選擇</td></tr>
<tr><td colspan="2">分組編號</td><td colspan="2">組長姓名</td><td colspan="2">組長學號</td><td></td></tr>
<tr><td colspan="2">實驗地點</td><td colspan="2">實驗日期</td><td colspan="2">實驗時數</td><td>2 學時</td></tr>
<tr><td colspan="2">指導教師</td><td colspan="2">同組其他成員</td><td colspan="2">評定成績</td><td></td></tr>
<tr><td rowspan="5">實驗內容及步驟</td><td>實驗內容</td><td colspan="2">教學形式</td><td>時間控制</td><td colspan="2">注意事項</td></tr>
<tr><td>目標市場選擇的重要性</td><td colspan="2">分組討論 案例分析</td><td>20 分鐘</td><td colspan="2">選擇一個案例進行討論</td></tr>
<tr><td>確定本公司市場細分的依據</td><td colspan="2">分組討論 情景模擬</td><td>10 分鐘</td><td colspan="2">情景模擬合理，明確運用哪些依據比較好（可以選擇真實公司）</td></tr>
<tr><td>對子市場進行比較</td><td colspan="2">分組討論</td><td>20 分鐘</td><td colspan="2">針對小組的細分結果討論，不是對比整體市場</td></tr>
<tr><td>目標市場選擇</td><td colspan="2">分組討論</td><td>30 分鐘</td><td colspan="2">要結合本公司的實力、競爭對手狀況、本公司的定位等因素</td></tr>
<tr><td colspan="2">實驗總結</td><td colspan="5"></td></tr>
<tr><td colspan="2">教師評語</td><td colspan="5"></td></tr>
</table>

二、實驗操作與記錄

（一）目標市場選擇的重要性

（1）本小組實驗中選擇的案例是：_____。

該案例介紹：_____
_____
_____
_____
_____

（2）上述案例中，目標公司哪些指標或表現比較優秀：_____
_____
_____
_____

上述指標或表現與其目標市場選擇有何內在聯繫：_____
_____
_____
_____
_____
_____

(二) 市場細分的具體實施
　　（1）本小組模擬的保險公司情況簡介：_____
_____
_____
_____
_____

　　（2）本實驗中選用哪些細分依據比較好，並請闡述理由：_____
_____
_____
_____
_____
_____
_____

　　（3）細分的子市場有哪些，各有何特點：
　　子市場1：_____ 特點：_____
_____

子市場 2：＿＿＿＿＿＿＿＿特點：＿＿＿＿＿＿＿＿＿＿＿＿＿＿＿＿＿＿＿＿

子市場 3：＿＿＿＿＿＿＿＿特點：＿＿＿＿＿＿＿＿＿＿＿＿＿＿＿＿＿＿＿＿

子市場 4：＿＿＿＿＿＿＿＿特點：＿＿＿＿＿＿＿＿＿＿＿＿＿＿＿＿＿＿＿＿

子市場 5：＿＿＿＿＿＿＿＿特點：＿＿＿＿＿＿＿＿＿＿＿＿＿＿＿＿＿＿＿＿

（三）結合公司定位等因素進行目標市場選擇

本實驗中目標市場選擇考慮了哪些因素：＿＿＿＿＿＿＿＿＿＿＿＿＿＿＿

＿＿＿＿＿＿＿＿＿＿＿＿＿＿＿＿＿＿＿＿＿＿＿＿＿＿＿＿＿＿＿＿＿＿＿＿

＿＿＿＿＿＿＿＿＿＿＿＿＿＿＿＿＿＿＿＿＿＿＿＿＿＿＿＿＿＿＿＿＿＿＿＿

＿＿＿＿＿＿＿＿＿＿＿＿＿＿＿＿＿＿＿＿＿＿＿＿＿＿＿＿＿＿＿＿＿＿＿＿

＿＿＿＿＿＿＿＿＿＿＿＿＿＿＿＿＿＿＿＿＿＿＿＿＿＿＿＿＿＿＿＿＿＿＿＿

＿＿＿＿＿＿＿＿＿＿＿＿＿＿＿＿＿＿＿＿＿＿＿＿＿＿＿＿＿＿＿＿＿＿＿＿

＿＿＿＿＿＿＿＿＿＿＿＿＿＿＿＿＿＿＿＿＿＿＿＿＿＿＿＿＿＿＿＿＿＿＿＿

（四）整理並撰寫目標市場選擇分析報告（由於實驗時間限制，可以在課後完成）

實驗 6　保險營銷策劃

第一部分　保險營銷策劃基礎知識

　　保險營銷策劃是指保險公司、銷售團隊或保險營銷員為推銷某一保險產品，為實現既定的營銷目標（即銷售業績）而制訂的行動方案，並付諸實施的過程。一般的保險營銷策劃流程包括六個步驟：制訂營銷目標、建立營銷策劃組織、開展市場調研、制訂營銷方案、實施營銷行動、評估行動效果等（見6.1）。

制定營銷目標 → 建立營銷策劃組織 → 開展市場調研 → 制訂營銷方案 → 實施營銷行動 → 評估行動效果

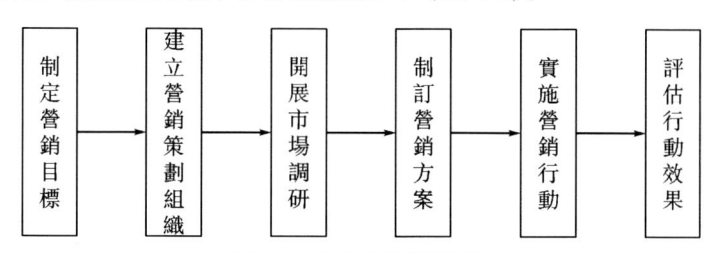

圖 6.1　保險營銷策劃流程

一、制定營銷目標

（一）營銷目標的含義和內容

　　「目標」是指人們追求並期望在一定時期內所要達到的某種狀況，或是預期實現的某一水平。對於企業而言，營銷目標就是在一定的時期內，通過實施一系列的營銷行動，想要實現的經營結果。保險公司的營銷目標一般包括以下內容：

　　（1）銷售總額目標。銷售總額目標，即保費收入，是保險公司的營業收入，是企業經營的最關鍵指標。大部分的營銷行動目標都是為了提高銷售總額。

　　（2）銷售增長目標。銷售增長目標包括日、月、年度銷售額的同期比或是環比增長率（額），只有實現正增長，才能體現經營體的發展和成果。

　　（3）市場佔有率目標。所謂：「知己知彼者，百戰不殆。」在眾多的保險企業中，每家保險公司想獲得更多的市場份額，就要和同業相比，瞭解自身的市場地位，市場佔有率體現了企業的市場競爭力。

　　（4）企業的盈利目標。盈利是營銷行動的基本目的，是企業的最終目標。

　　（5）社會影響力。社會影響力包括保險產品的創新性、提高客戶滿意度、保險企業的知名度與美譽度等。

　　（二）目標確定的基本原則

　　（1）現實性。目標是在經過分析內外部環境後，根據企業的戰略要求而制定的，要符合企業的發展要求，既不能高不可攀，也不能違背企業發展的方向。

　　（2）可測性。目標是可量化的數據，這樣才能有效地進行檢視和評估。

　　（3）層級性。目標可以是多個層級的，一般是按照重要性從高到低進行排序。

(三) 營銷目標的指標法

在保險公司管理中，常用的是關鍵績效指標法（Key Performance Indicator, KPI）。確定關鍵績效指標有一個重要的「SMART原則」。「SMART」是5個英文單詞首字母的縮寫。

(1)「S」代表具體（Specific），指績效考核要切中特定的工作指標，不能籠統。

(2)「M」代表可度量（Measurable），指績效指標是數量化或者行為化的，驗證這些績效指標的數據或者信息是可以獲得的。

(3)「A」代表可實現（Attainable），指績效指標在付出努力的情況下可以實現，避免設立過高或過低的目標。

(4)「R」代表關聯性（Relevant），指績效指標是與上級目標具明確的關聯性，最終與公司目標相結合。

(5)「T」代表有時限（Time bound），注重完成績效指標的特定期限。

二、建立營銷策劃組織

任何營銷活動都要由人來完成，因此建立營銷策劃組織是保證營銷活動順利進行的首要條件。營銷策劃組織是指企業內部對涉及營銷策劃業務活動而設計的相應職能部門和職位的結構形式、營銷職能的組織工作及其與其他職能部門的協作關係，借以確保營銷策劃達到預期目標。營銷策劃組織可以依據每次策劃主題的需要而設，具有臨時性的特點，當本次營銷策劃項目任務完成，策劃小組也相應解散。

保險營銷策劃組織一般在各管理部門進行抽調，包括總經理室、產品部門、企劃部、市場部、客服部、銷售管理部等。總經理室成員為領導組長，產品部門成員為策劃總監，其他部門成員為小組成員。策劃組織成員都需要經過精挑細選，既要有營銷策劃的經驗，又要有創新精神，成員的素質將影響整個營銷策劃活動的成敗。

具備條件的保險公司也可以組建固定的營銷策劃部門，由其牽頭完成各項營銷策劃工作。

三、開展市場調研

市場上的保險經營主體日益增加，競爭相當激烈，且在產品費率自由化的情況下，各家保險公司都在想方設法提升自身在產品、費率、服務等方面的優勢，讓消費者能選擇自己。每家公司的營銷策劃都屬於商業秘密，都希望能在市場上吸引消費者的關注和認可。因此，對於即將推出的營銷方案，做好營銷環境的調研是至關重要的。市場調研一般包括以下四個部分：

(一) 保險營銷的外部環境

保險營銷的外部環境包括宏觀環境和微觀環境。宏觀環境指那些給保險公司造成市場機會和環境威脅的主要社會力量，包括人口環境、經濟環境、自然環境、技術環境、政治和法律環境以及社會文化環境；微觀環境指和保險公司緊密相連、直接影響保險公司為目標市場顧客服務的能力和效率的各種參與者，包括保險公司本身、保險仲介人、被保險人、同業競爭者和社會公眾。

（二）保險營銷的內部環境

保險營銷的內部環境包括保險產品的保險責任、服務水平，保險產品的目標顧客群定位，保險公司的經濟實力、組織形式、銷售組織架構、企業文化等。

（三）保險營銷的市場需求

保險營銷的市場需求主要是對消費者的保險需求進行分析，包括保險購買力，主要是針對消費者對保險產品的需求進行調查，如對各險種的保額要求、投保率以及對總銷售量的預測；顧客購買心理，主要調查保險公司在公眾中的形象，消費者對保險公司承保情況的反應，公眾對保險公司宣傳廣告和公共關係的態度以及保險推銷的效益等情況；客戶的購買動機和行為，主要調查瞭解投保人的投保動機，是否存在道德風險。

（四）保險產品的調研

保險產品的調研包括保險產品的保險責任範圍、保險期限、費率對於客戶的可接受度；保險銷售隊伍（包括仲介）的分佈情況，可能對該產品的推廣情況預測；促銷手段的選擇，電視廣告、傳單、網站、電話、微信等平臺的選擇；與同業同類產品的差別性與優劣勢比較。

在取得調查資料信息後，營銷策劃組織需要對零散的、不系統的資料進行加工匯總、歸類分析，使之系統化、條理化。營銷策劃組織可以利用 SWOT 分析方法對企業內部環境中的優勢（Strength）與劣勢（Weakness）、企業外部環境中的機會（Opportunity）與威脅（Threat）進行比較分析，揚長避短，尋找最佳營銷決策，爭取取得優異的銷售業績。

四、制訂營銷方案

營銷方案是把整個營銷策劃行動以書面形式表達出來，內容必須完整，並且具備可行性，使上級部門看了知道營銷組織為什麼要做，下級部門看了知道怎麼做，最終達到預期的目標。營銷方案包括以下五部分內容：

（一）第一部分：營銷方案綱要

綱要是對方案的各項內容進行簡明扼要地概括，體現方案的本質要點，使閱讀者在讀完綱要之後，能夠清楚瞭解本次營銷行動的目標、參與人員、產品特色、策略、行動內容、預算、效果預測等核心內容。

（二）第二部分：營銷目標

營銷目標包括兩個要素，一個要素是完成的時間，另一個要素是達到的指標。一般情況下，營銷目標是量化的，即以定量的術語表達要某段時間內要實現的目標。營銷目標往往不僅一個，而是涉及企業戰略要求的 3~5 個重要指標，除了保費總收入外，還有市場份額、新增客戶數、續保率、代理費用率、利潤率等。目標一旦確定，就是營銷團隊為之奮鬥的標準。例如，某保險公司某保險產品第一季度的保費總收入目標是 3,000 萬元，這是一個單一的指標。

（三）第三部分：營銷策略

營銷策略是指達到目標的途徑和手段，包括目標市場的選擇、市場定位、營銷組

合策略等。目標市場是公司準備服務於哪個或哪幾個特定的細分市場。市場定位是公司選擇目標市場的行為，營銷組合是公司準備在各個細分市場上採取哪些具體的營銷策略。營銷策略一般包括價格策略、廣告策略、分銷渠道、服務策略、公關策略、促銷策略等。

（四）第四部分：行動方案

行動方案就是圍繞目標，根據制定的策略，制定具體的工作環節和保障措施。行動方案必須具體細緻，在每個環節安排什麼人做什麼事，以使計劃得以落實。行動方案包括以下六個方面的內容：

（1）「Why」：為什麼制訂本營銷方案。
（2）「What」：本營銷方案達到的目標。
（3）「When」：本營銷方案實施的時間段。
（4）「Where」：本營銷方案適用的範圍。
（5）「Who」：本營銷方案由誰負責執行。
（6）「How」：本營銷方案採取什麼方式和手段。

（五）第五部分：資源投放預算

為實現公司資源的合理利用，營銷策劃小組需對營銷計劃進行成本效益分析。通過對產品定價、銷售總額、賠付預測、銷售費用投放、固定費用分攤、利潤等項目進行預測和充分分析，確定營銷計劃是否可行。只有在有一定利潤的情況下，該計劃才能付諸行動，對公司才是有價值的。

五、實施營銷行動

實施營銷行動指的是營銷方案實施過程中的組織、指揮、控制和協調活動，是把營銷方案轉化為具體行動的過程。企業必須根據營銷方案的要求，分配企業的各種資源，處理好企業內外的各種關係，加強領導，提高執行力，把銷售方案的內容落到實處。在實施執行過程中，各部門應積極配合協調，對突發事件或發生的差錯進行及時糾正和正確應對，以確保整合營銷計劃順利執行，實現預期的目標。

六、評估行動效果

營銷行動實施以後，應對實施效果進行評估，即將預期目標與現實中的實際結果進行比較，從而對營銷效果進行評價。

第二部分　實驗設計

一、實驗基本情況

（一）實驗目的

保險公司的營銷策劃是企業運作的核心環節，每個策劃行動的成敗將影響到公司的整體發展。保險產品的更新換代非常快，新產品的推陳出新成為保險公司的常規動作，掌握營銷策劃的方法是保險管理人員的必備技能。通過實驗教學，使學生瞭解、熟悉保險營銷策劃的基本流程和方法，包括營銷目標的確定、建立營銷策劃組織、開

展市場調研、制訂營銷方案、實施營銷行動、評估行動效果等環節。通過案例的演練，使學生熟悉各環節的具體工作內容，並學會應用相關的工具。

（二）環境用具

電腦、網絡連結、展板、紙張、鋼筆等。

（三）實驗學時

2學時。

（四）實驗形式

分組討論、角色扮演。

（五）實驗重點

保險營銷策劃的流程。

二、實驗內容與教學組織

（一）營銷策劃實驗準備

（1）將學生分組，每個小組為一個營銷策劃組織，每組4~6人。
（2）各小組自行尋找案例或者進行情景模擬，並介紹材料情況。
（3）組織學生學習、討論材料內容。

（二）進行SWOT分析

（1）小組內討論，對提供的市場調查信息進行歸類分析。
（2）製作SWOT分析表。
（3）按照分析結果提出策劃決策意見。

（三）製作營銷方案

（1）第一部分：營銷方案綱要。
（2）第二部分：營銷目標。
（3）第三部分：營銷策略。
（4）第四部分：行動方案。
（5）第五部分：資源投放預算。

【注意事項】

（1）準備參照材料，例如，針對某保險公司準備上市的「個人帳戶資金損失保險」，制訂一個營銷策劃方案。
（2）認真分析市場調查信息。
（3）針對產品的特徵，瞄準目標市場，找準銷售渠道，制定分銷策略和廣告策略是關鍵。

【思考題】

（1）如何應對企業的內部劣勢和外部威脅，如何進行補救或迴避。
（2）如何結合產品的特徵，確定銷售策略。
（3）在行動方案的制訂上，應如何合理分工，並充分調動各合作部門的積極性。

【參考文獻】

[1] 方有恒，郭頌平. 保險營銷學 [M]. 上海：復旦大學出版社，2013.
[2] 孟韜. 市場營銷策劃 [M]. 大連：東北財經大學出版社，2011.
[3] 章金萍、李兵. 保險營銷實務 [M]. 北京：中國金融出版社，2012
[4] 唐金成. 現代保險市場營銷 [M]. 北京：清華大學出版社，2012.

第三部分　實驗報告

一、實驗報告總表

實驗報告總表如表6.1所示：

表6.1　　　　　　　　　　實驗報告總表

實驗編號及實驗名稱	實驗6　保險營銷策劃			
分組編號		組長姓名		組長學號	
實驗地點		實驗日期		實驗時數	2學時
指導教師		同組其他成員		評定成績	

實驗內容及步驟	實驗內容	教學形式	時間控制	注意事項
	案例或情景模擬	講授 分組討論	15分鐘	採用真實案例或者假設案例
	SWOT分析	分組討論 情景模擬	30分鐘	能結合具體信息（該信息可以部分假設），不可空談
	營銷方案製作	分組討論 角色扮演	35分鐘	按照營銷方案模板，注意要素完整
實驗總結				

表6.1(續)

教師評語	

二、實驗操作與記錄

(一) 營銷策劃實驗準備

請描述本小組自行尋找的案例或者模擬的情景。

_____
_____
_____
_____

(二) 進行SWOT分析

製作SWOT分析表，並繪製如下：

(三) 製作營銷方案

(1) 第一部分：營銷方案綱要。

_____
_____
_____

(2) 第二部分：營銷目標。

_____
_____
_____

(3) 第三部分：營銷策略。

(4) 第四部分：行動方案。

(5) 第五部分：資源投放預算。

【實驗6 附件】參考材料

1. 情景假設

隨著銀行業的發展，大家都放棄了現金的保存方式，基本上錢包裡就剩下卡了。各種卡的存在給大家提供了很多方便的同時，也帶來了一些麻煩，經常聽到人會丟失銀行卡或者帳戶被盜而導致了經濟損失。在這種情況下，個人帳戶資金損失保險應運而生，這是一種專門針對個人帳戶資產安全設計的保險。個人帳戶資金損失保險的保障範圍是個人名下帳戶的資金安全，只要是用身分證開設的個人資金帳戶，都在這個保險的保障範圍。比方說各大銀行的借記卡、信用卡、網銀帳戶、支付寶等第三方帳戶，只要是私人資產，都在保障範圍內。一旦出現丟失被盜或者遺忘等情況，都可以通過個人帳戶資金損失保險拿到相應的賠償。某公司的「個人帳戶資金損失保險」即將上市，請你針對「個人帳戶資金損失保險」的推廣制訂一個營銷策劃方案。

2. 市場調研情況

(1) 企業具有較高的品牌知名度。
(2) 企業產品研發能力強，市場敏感度強。
(3) 營銷策劃能力強。
(4) 領導管理能力強。
(5) 負責銀行渠道的團隊比較松散，對銀行的掌控度較弱。

（6）同業主體多，競爭非常激烈。
（7）個別同業的市場敏感度很強，同類產品的開發週期短。
（8）國民的銀行卡持卡數不斷增加，媒體報導的資金被盜案例不斷出現。
（9）企業的信息技術（IT）部門人手有限，系統開發速度較慢。
（10）同業的同類產品價格高，客戶接受度差。
（11）監管部門鼓勵保險公司進行產品創新。
（12）企業的網銷平臺建設領先於同業，客戶點擊率高，業績可人。
（13）公司的個人客戶業務市場佔有率達到20%以上。
（14）市場上目前有一種同類產品。
（15）本產品定價低於同業15%左右。

第 4 章 保險產品開發與定價

實驗 7 保險產品開發

第一部分 保險產品開發基礎知識

一、保險產品概念、特徵和分類

（一）保險產品的概念

廣義的產品也稱商品，包括物質形態的產品和非物質形態的服務。消費者購買某種產品，不僅僅得到該產品的物質實體，還通過購買該產品來獲得某方面利益的滿足。產品的整體概念包括核心產品、形式產品和延伸產品。保險產品是保險人以市場需求為導向開發的，並提供給市場，滿足消費者轉嫁風險、補償損失等需要的服務承諾。保險產品同樣包含三個層次（見圖 7.1）。

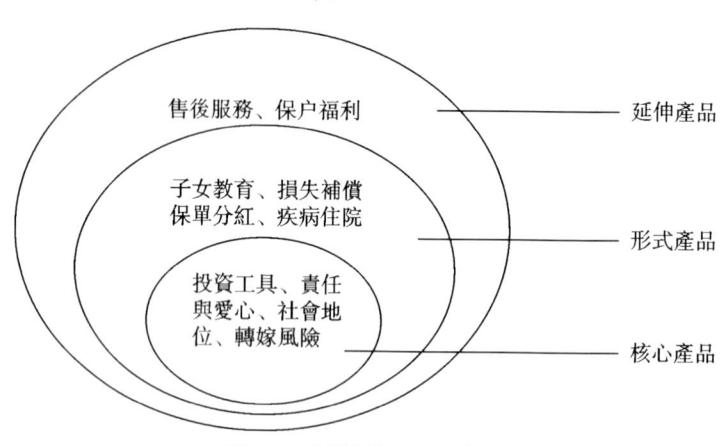

圖 7.1 整體保險產品示意圖

核心產品是產品整體概念中最基本、最主要的層次，是消費者購買產品的目的所在，是消費者追求的效用和利益。為了讓客戶能夠獲得核心產品的服務需設立服務系統和服務項目，如人壽保險的服務形式可以為消費者提供生活保障、子女教育費用、養老費用、傷殘費用、保險單分紅和住院醫療費用等功能。保險產品這些服務的不同組合，能滿足消費者的不同需求。延伸產品也稱附加產品，是消費者在購買保險產品時所獲得的各種附加利益的總和，能滿足消費者的更多需要。

（二）保險產品的特徵

保險產品也和其他產品一樣，必須符合消費者個人的購買意願，才會產生需求。但是保險產品又確實與其他產品不同，具有其特殊性（見圖7.2）。

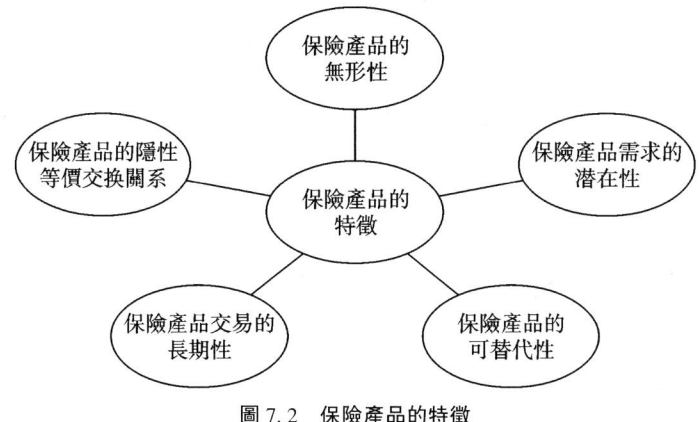

圖 7.2 保險產品的特徵

（三）保險產品的分類

1. 財產保險產品

廣義的財產保險產品包括所有為物質財產及相關利益提供保障的保險產品或險種。例如，各種財產保險、責任保險、信用與保證保險等。狹義的財產保險一般只包括火災保險、海上保險、貨物運輸保險、運輸工具保險、工程保險、科技保險、農業保險等。

2. 人身保險產品

人身保險產品是為人的壽命和身體提供保險保障的保險產品或險種。傳統的人身保險產品主要包括人壽保險、人身意外傷害保險、健康保險。由於分紅保險、投連保險、萬能保險等在目前占據極大的保費收入份額，日益得到重視，這一類險種被統稱為新業務或新型壽險。嚴格來講，新型壽險本質上還是屬於人壽保險的範疇，只是其預定利率不再固定而已，這一點與國外利率變動型產品相似。

以上保險產品的分類主要是依據保障標的物不同而區分，除此之外還可以用其他依據進行區分。例如，依據購買者身分來區分的個險與團險，依據立法來區分的商業險和法定險等。保險公司甚至可以依據渠道來對產品進行區分，如個險、銀保、電銷、網銷等渠道專屬產品。熟悉產品分類可以加深對於產品的理解，有利於在保險產品開發與設計中拓展思維。

二、保險產品開發的原則與策略

保險產品開發是指保險公司根據保險目標市場的需求，在市場調查的基礎上，組織設計保險新產品及改造保險舊產品等活動的過程。保險產品開發是實現保險公司經營目標的手段，是保險公司經營的起點。

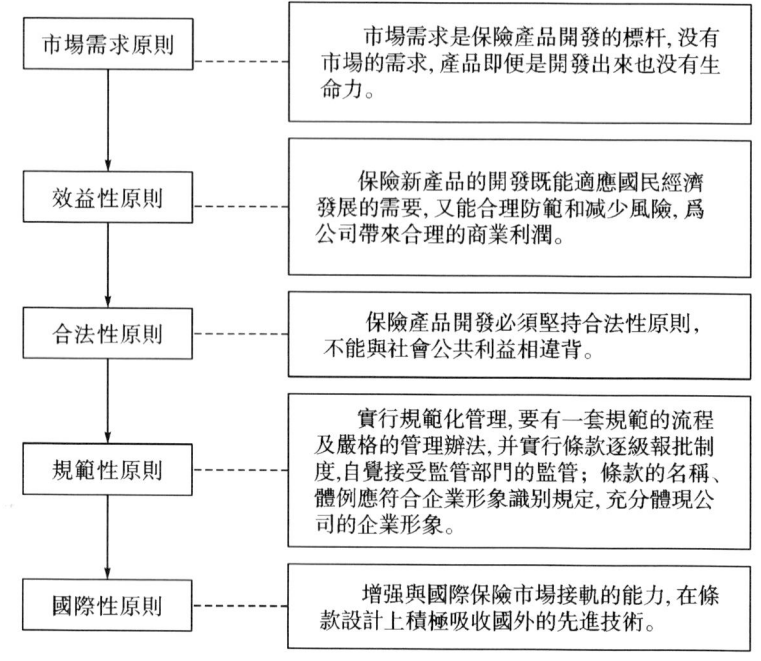

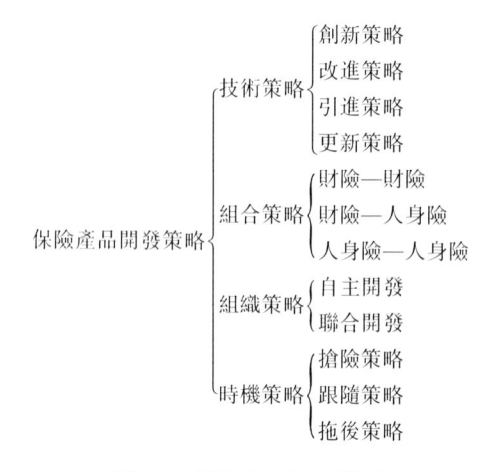

(一) 保險產品開發的原則

保險產品開發的原則如圖 7.3 所示：

```
市場需求原則 ------ 市場需求是保險產品開發的標杆，沒有
                    市場的需求，產品即便是開發出來也沒有生
                    命力。
     ↓
效益性原則 ------ 保險新產品的開發既能適應國民經濟
                  發展的需要，又能合理防範和減少風險，為
                  公司帶來合理的商業利潤。
     ↓
合法性原則 ------ 保險產品開發必須堅持合法性原則，
                  不能與社會公共利益相違背。
     ↓
規範性原則 ------ 實行規範化管理，要有一套規範的流程
                  及嚴格的管理辦法，並實行條款逐級報批制
                  度，自覺接受監管部門的監管；條款的名稱、
                  體例應符合企業形象識別規定，充分體現公
                  司的企業形象。
     ↓
國際性原則 ------ 增強與國際保險市場接軌的能力，在條
                  款設計上積極吸收國外的先進技術。
```

圖 7.3　保險產品開發的原則

(二) 保險產品開發的策略

保險產品開發策略是指保險產品開發的方法和途徑，集中體現著保險公司的業務經營戰略，是保險公司經營策略的重要構成部分。保險公司在產品開發時可以根據現實條件採用不同的技術策略、組合策略、組織策略、時機策略（見圖7.4）。

```
                    ┌ 技術策略 ┬ 創新策略
                    │         ├ 改進策略
                    │         ├ 引進策略
                    │         └ 更新策略
                    │
                    ├ 組合策略 ┬ 財險─財險
保險產品開發策略 ─┤         ├ 財險─人身險
                    │         └ 人身險─人身險
                    │
                    ├ 組織策略 ┬ 自主開發
                    │         └ 聯合開發
                    │
                    └ 時機策略 ┬ 搶險策略
                              ├ 跟隨策略
                              └ 拖後策略
```

圖 7.4　保險產品開發的策略

三、保險產品開發的程序

保險產品開發的程序有構思、構思篩選、新險種測試、新險種開發設計、試銷與推廣、商品化。

(一) 構思

構思是對未來保險產品的基本特徵的構想，是新產品開發的起點。這些構思可以通過各種途徑和方法獲得（見表 7.1）。

表 7.1　　　　　　　　　保險產品開發構思的基本方法

基本方法	含義
客戶期望法	對市場上所關心、期望甚至急需的風險防範事項進行研究，開發能夠喚起消費者需求的保險產品。
增減保險責任法	將現有保險產品的保險責任，結合市場情況進行增減，從而產生新險種。
產品組合法	利用多種思維方法將現有產品進行橫向、縱向、交叉等組合，以創造出適合市場需求的產品。
專家意見法	邀請保險、營銷等方面的專家進行座談，就現有產品的市場適應性及市場發展趨勢等問題進行深入探討，從中發現有價值的創意。
競爭啟發法	從競爭者已推出的產品和國外同類產品中得到啟發，形成新險種的構思。

(二) 構思篩選

新產品的構思可以富有創意，多種多樣，但並不是每一構思都能為保險公司所用，保險公司還要根據自身的資源、技術和管理水平，按照一定的標準進行篩選（見圖 7.5）。

篩選標準 ｛ 市場潛力的大小
方案特色如何
風險損失統計資料是否準確詳實
新產品開發所需投入的人力、物力與資金的測算
方案的銷售渠道是否暢通

圖 7.5　保險產品構思篩選標準

(三) 新險種測試

1. 進行新險種試製

將創意或構思轉化為試製性的新產品，也就是設計出試行的保單雛形。其中，要特別突出投保人員關心的問題，如保障對象、保險責任、責任免除、保險費率、交費方法等，以便向客戶徵求意見。

2. 展開典型調查活動

針對試行的保單邀請相關的客戶參與討論，請客戶對該新險種進行評價。

3. 市場潛力預測

對新險種的預計銷售額、成本和利潤等因素進行分析，判斷新險種是否符合企業目標和營銷戰略。

4. 方案的最終確定與完善

管理和設計人員要再一次認真研究顧客的評價與反饋信息，對新險種的開發進行最終的確定。如果結論是可行的，就將進入新險種開發和銷售等實質性階段。

（四）新險種開發設計

一般來說，一個好的產品設計至少應包括四方面的內容：險種的基本屬性設計、險種的結構設計、險種的品牌設計以及險種的形象和包裝設計（見圖7.6）。

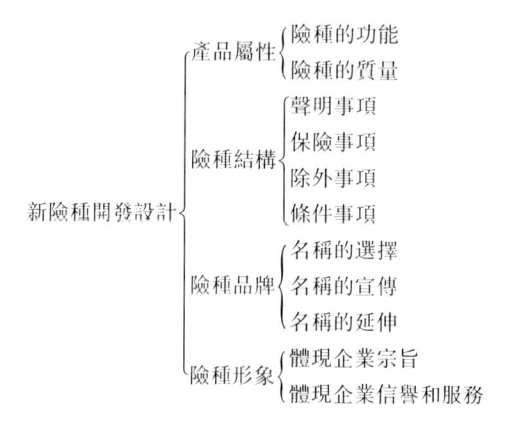

```
                    ┌ 產品屬性 ┬ 險種的功能
                    │          └ 險種的質量
                    │          ┌ 聲明事項
                    ├ 險種結構 ┤ 保險事項
                    │          │ 除外事項
新險種開發設計 ─────┤          └ 條件事項
                    │          ┌ 名稱的選擇
                    ├ 險種品牌 ┤ 名稱的宣傳
                    │          └ 名稱的延伸
                    │          ┌ 體現企業宗旨
                    └ 險種形象 ┤
                               └ 體現企業信譽和服務
```

圖7.6　新險種開發設計的內容

（五）試銷與推廣

新險種設計出來後，可在一定範圍內進行試銷，以求得潛在客戶、營銷人員、市場潛力等方面反饋的有價值的信息。例如，要在多大的範圍的保險市場上銷售、用什麼方法開展市場營銷等。在新險種試銷的基礎上，保險公司應根據市場反饋的情況，修改或重新制訂營銷策略。將新險種推向市場時，應注意不同險種的營銷策略在實施時的差別。

（六）商品化

通過試銷，保險公司要考慮新產品正式成為商品推向市場的問題。在制定正式推出決策時，必須考慮針對已選定的目標市場決定推出的時機、推出的地域、推出的預期目標客戶、導入市場的方法等。

1. 推出的時機

在新產品正式上市時，進入市場的時機的選擇是個關鍵問題。保險公司在推出新產品時會面臨三種選擇：

（1）先期進入。一般情況下，首先進入市場的保險公司通常會得到好處，如掌握了主要的客戶群和較高的聲響。但是也應該看到，如果該險種未經過仔細的評估就匆匆上市，會使公司的形象受到影響。

（2）平行進入。保險公司如果知道競爭對手急於進入市場，可以採取同樣的方式進入市場，以便與競爭對手共享好處；如果知道競爭對手不急於進入市場，也可以這

樣做,從而利用上市前的時間來改進產品。保險公司這樣做的目的是使新險種上市的促銷費用由雙方共同承擔。

(3)後期進入。保險公司可有意推遲進入市場,等競爭對手進入市場後再進入。採取這種方法的好處有:第一,競爭對手已為開拓市場付出了營銷費用;第二,競爭對手的險種可能暴露出缺陷,而後期進入者則可以避免;第三,保險公司可以進一步瞭解市場規模。

2. 推出的地域

新險種正式上市時應考慮地域範圍,即是在當地市場還是在某些地區市場、是在國內市場還是在國際市場、是在城市市場還是在農村市場推出該新險種,因為不同地域的風險是不同的。一般來說,新險種設計出來後,應先在小區域內推廣,然後再推向其他地區乃至全國。保險公司應首先選擇具有吸引力的地區將新險種推向市場。具有吸引力的地區是指具備下列條件的地區:第一,有一定市場潛力,銷售量可觀;第二,在該市場上無競爭對手或競爭對手力量弱;第三,保險公司在當地的信譽較高;第四,該地區營銷成本低、營銷渠道暢通。

3. 推出的預期目標客戶

通過試銷,保險公司可掌握主要潛在的消費者群。保險公司應將其營銷渠道和營銷活動集中於最佳的潛在消費者範圍。例如,保險公司推出中、小學生平安保險時,其目標市場就是中、小學生的家庭,銷售渠道的選擇為教育局和各中、小學校。這樣做,保險公司就能夠獲得較高的銷售額,並能吸引其他的新的潛在消費者。

4. 導入市場的方法

如何推出新險種在新險種上市之前應進行詳細的計劃,對各營銷組合因素進行預測,並列出各項活動的步驟及方法。不同險種或不同目標市場,其上市的計劃也不一樣。為了對推出新險種的各項活動更好地排列順序,可採用各種網絡規劃技術,如關鍵路線排列法。

第二部分 實驗設計

一、實驗基本情況

(一)實驗目的

通過實驗教學,讓學生瞭解保險開發的流程、注意事項等知識,能夠在市場調研的基礎上,結合保險公司的發展戰略、目標市場等因素開發出符合要求的保險產品。

(二)環境用具

電腦、保險實驗教學軟件、網絡連接、生命表、保險產品匯編、保險費率手冊等資料。

(三)實驗學時

2學時。

(四)實驗形式

分組討論、情景模擬。

（五）實驗重點

保險產品開發流程。

二、實驗內容與教學組織

（一）保險產品構思的形成

（1）引導學生考慮保險產品構思的來源。

（2）綜合監管要求、公司發展戰略、市場需求、同業情況、業務人員意見等因素，提出初步的保險產品構思。

（二）保險產品初步方案設計與完善

（1）初步擬定保險產品的名稱、條款、費率、現金價值、紅利水平等內容。

（2）引導學生掌握保險產品設計各個環節的注意事項或關鍵點。

（三）保險產品測試與上市

（1）將保險產品進行測試，推演其測試過程中可能出現的情況，並提出相應的備用方案。

（2）能夠對產品的相應支持及配合部門的要求考慮完整，保證產品推廣的可行性。

【注意事項】

（1）在保險產品定價檢驗等環節要切實督促學生進行計算與推測。

（2）在保險產品測試環節要引導學生思考可能出現的測試結果。

（3）在情景模擬中，如果學生模擬的產品是產險產品，則現金價值、紅利水平、生命表等內容要隨之調整。

（4）上課時間有限，因此只要求產品開發的流程完整，對各步驟的詳細內容一般不做要求，如條款。

【思考題】

（1）保險產品開發一般包括哪些步驟？

（2）保險產品構思的主要來源有哪些？

（3）保險產品設計開發的各個環節應該注意哪些問題？

【參考文獻】

［1］張洪濤，時國慶. 保險營銷管理［M］. 北京：中國人民大學出版社，2005.

［2］康拉德·貝倫森，等. 新產品開發［M］. 2版. 遊世雄，朱晉晶，譯. 北京：中國人民大學出版社，2003.

［3］張帆. 產品設計開發程序與方法［M］. 北京：北京理工大學出版社，2008.

［4］卡爾·T. 猶里齊，斯蒂芬·D. 埃平格. 產品設計與開發［M］. 4版. 楊德林，譯. 大連：東北財經大學出版社，2009.

［5］李凱. 保險產品的開發與管理流程分析［J］. 中國管理信息化，2012（12）.

第三部分　實驗報告

一、實驗報告總表

實驗報告總表如表 7.2 所示：

表 7.2　　　　　　　　　　　實驗報告總表

實驗編號及實驗名稱	實驗 7　保險產品開發			
分組編號		組長姓名		組長學號	
實驗地點		實驗日期		實驗時數	2 學時
指導教師		同組其他成員		評定成績	

實驗內容及步驟	實驗內容	教學形式	時間控制	注意事項
	保險產品構思	分組討論	20 分鐘	兼顧監管要求、公司戰略、市場需求、同業情況、業務人員意見等
	保險產品設計	分組討論	30 分鐘	提出初步的產品方案，包括條款、費率、現金價值、紅利水平等
	保險產品完善	分組討論	10 分鐘	對保險產品的設計過程進行檢查
	保險產品測試與上市	分組討論	20 分鐘	確定試點區域、宣傳、培訓等，並對可能出現的情況提出備用方案

實驗總結	

教師評語	

二、實驗操作與記錄

（一）保險產品構思的形成

（1）請列舉保險產品構思的來源。

來源①：_____

來源②：_____

來源③：_____

來源④：_____

來源⑤：_____

（2）本小組的保險產品的構思來源。

來源描述：_____

本產品構思「創新」之處主要有：_____

（二）保險產品初步方案設計與完善

（1）初步擬定保險產品的名稱、條款、費率、現金價值、紅利水平等內容。請按照一般保險合同的主要內容進行描述（框架完整即可，不要求非關鍵內容）。

（2）本產品開發時應該特別注意的事項。

(三) 保險產品測試與上市

(1) 本產品在實際推廣中可能發生的主要不利結果。

_____
_____
_____
_____
_____
_____

(2) 本小組有無備選方案應對上述不利結果。

_____
_____
_____
_____
_____
_____
_____
_____
_____
_____

實驗 8　保險產品定價

第一部分　保險產品定價基礎知識

一、保險費、保險價格和保險產品定價

（一）保險費、保險價格和保險產品定價的定義

保險費是投保人按一定的保險條件，為取得保險人的保障，向保險人繳付的費用。按合同約定繳納保險費是保險合同生效的重要前提條件。

保險價格也稱保險費率，是保險人按單位保險金額，向投保人收取保險費的標準，即收取的保費與提供的保險金額之間的比率，一般用千分比或萬分比來表示。例如，財產保險綜合險每千元保險金額收取保險費 2 元，用千分號表示為 2‰，即 2‰ 為保險價格。保險費率及其厘定比較特殊（見圖 8.1）。

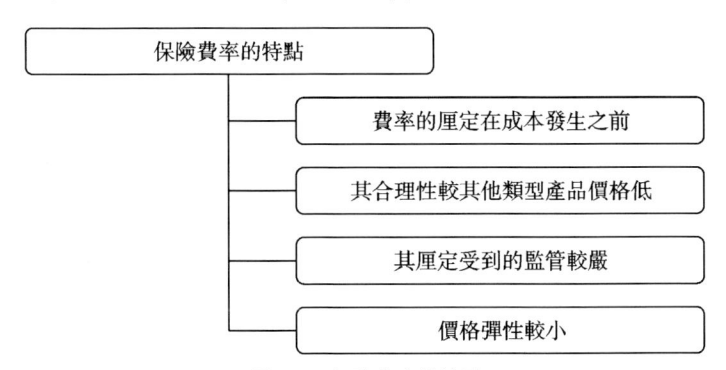

```
保險費率的特點 ─┬─ 費率的厘定在成本發生之前
                ├─ 其合理性較其他類型產品價格低
                ├─ 其厘定受到的監管較嚴
                └─ 價格彈性較小
```

圖 8.1　保險費率的特點

保險產品定價簡稱保險定價，也稱保險費率厘定，是指保險人在保險產品開發過程中，依據保險標的所面臨風險的規律性（財產保險主要指損失概率、人身保險主要指死亡率等）、保險公司經營費用及經營狀況、保險市場供求狀況等因素而確定單位保險金額所應收取的保險費的行為。

（二）保險費的構成

保險費由純保費和附加保費構成（見圖 8.2），對應的保險價格（保險費率）由純費率和附加費率構成。

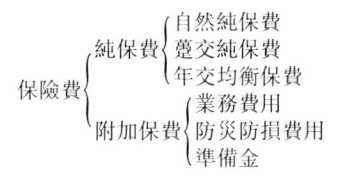

```
         ┌ 純保費 ┬ 自然純保費
         │        ├ 躉交純保費
保險費 ─┤        └ 年交均衡保費
         │
         └ 附加保費 ┬ 業務費用
                    ├ 防災防損費用
                    └ 準備金
```

圖 8.2　保險費的構成

純費率是根據財產平均損失率或人口死亡率等確定的。根據純費率計算的保險費用於對正常損失進行賠償或給付。附加費率是指一定時期的經營費用總額與保險金額的比率。以財產保險為例，財產保險保險費率的構成是保險成本加利潤和稅金（見圖 8.3）。

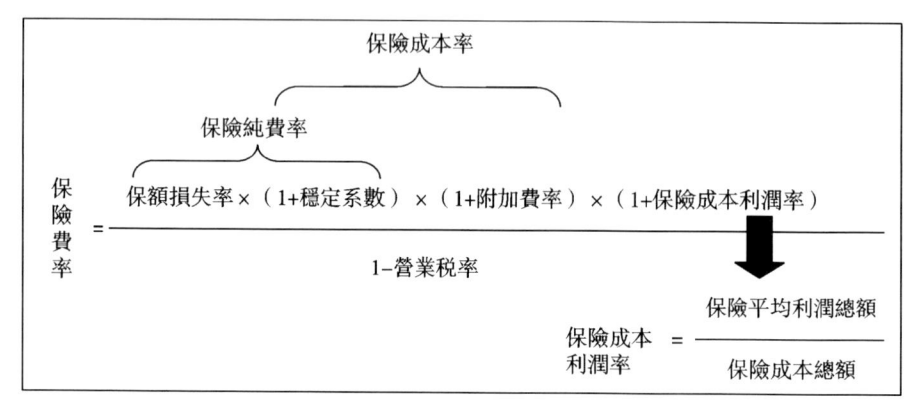

$$保險費率 = \frac{保額損失率 \times (1+穩定系數) \times (1+附加費率) \times (1+保險成本利潤率)}{1-營業稅率}$$

$$保險成本利潤率 = \frac{保險平均利潤總額}{保險成本總額}$$

圖 8.3　財產險保險費率構成

（三）保險定價目標

保險定價目標是指保險企業通過特定水平的價格的制定或調整所要達到的預期目的。一般企業定價目標主要包括追求盈利最大化、追求短期利潤最大化、實現預期的投資回報率、提高市場佔有率、實現銷售增長、適應價格競爭、保持營業、穩定價格水平、維護企業形象等。保險企業的定價目標可以歸納為生存導向型、利潤導向型、銷售導向型、競爭導向型等幾種類型（見表 8.1）。

表 8.1　　　　　　　　　　保險定價目標的類型

定價目標	說明
生存導向型	如果遇上生產力過剩或激烈的競爭，或者要改變消費者的需求時，保險公司要把維持生存作為主要目標。為了能夠繼續經營，繼續銷售險種，保險公司必須定一個比較低的價格。此時，利潤目標比起生存目標而言要很多。
利潤導向型	利潤導向型目標分為三類：獲得最高常期利潤目標、獲得適量利潤目標和獲得預期收益定價目標。
銷售導向型	銷售導向型目標又可細分為達到預定銷售額目標、保持和擴大市場份額目標、促進銷售增長目標。
競爭導向型	競爭導向型目標可分為市場撇脂策略和穩定價格目標。制定高價來「撇脂」市場，而後通過逐步降低價格，將競爭者擠出市場或防止競爭者進入市場，即採用市場撇脂策略。以穩定價格作為定價目標，以避免激烈的價格競爭造成的損失。

（四）影響保險定價的因素

保險定價與其他行業產品定價類似，也會受到以下因素的影響：

（1）市場結構；

（2）產品定位；

（3）市場需求因素，如需求的價格彈性、需求的收入彈性、需求的交叉彈性；
（4）市場競爭因素，如價格競爭；
（5）企業自身因素，如成本費用、銷售數量。

除此之外，保險定價還有其特殊影響因素（見圖8.4和圖8.5）。

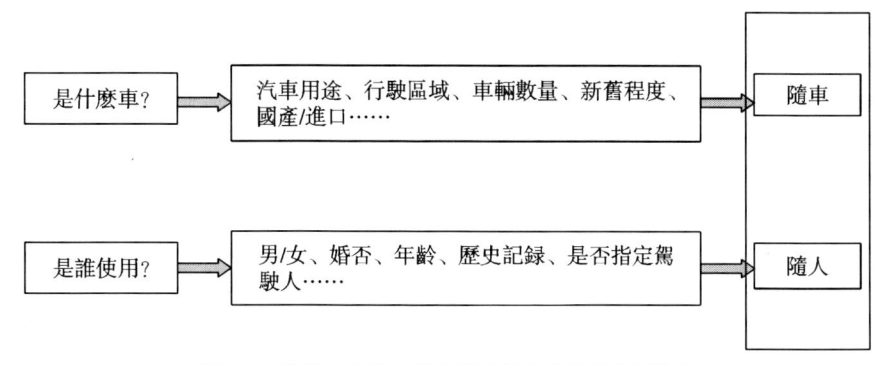

圖8.4　財險（車險）保險費率厘定考慮的主要因素

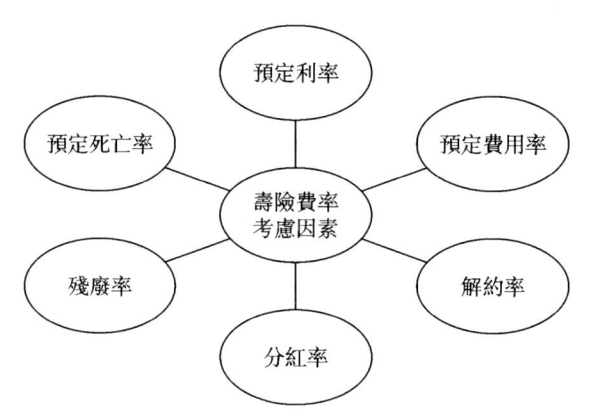

圖8.5　壽險費率厘定考慮的主要因素

二、保險定價的原則、方法與策略

（一）保險定價的原則

保險定價的原則如表8.2所示：

表8.2　　　　　　　　　　　　保險定價的原則

原則	說明
保證補償	向投保人收取的保險費，必須足以應付賠款支出及各種經營管理費用。
公平、合理	保險費率應當與保險標的的風險性質和程度相適應，與保險人的經營需要相適應。
合法性	符合法律法規要求。

表8.2(續)

原則	說明
穩定靈活	從短期來看，應保持相對穩定，以保證投保人對保險公司的信任和信心；從長期來看，應隨著風險的變化、保險保障項目和保險責任範圍的變動及保險市場供求變化等情況進行調整，以保證保險費率的公平合理性。
促進防損	對防災防損工作做得好的被保險人降低其費率或實行優惠費率，而對防災防損工作做得差的被保險人可適當提高其費率。

(二) 保險定價的方法

保險定價的方法是保險公司為實現定價目標而選擇的厘定費率的方法。定價方法通常分為三類：成本導向定價方法、競爭導向定價方法和客戶導向定價方法（見圖8.6）。成本導向定價方法是指保險公司制定的產品價格包含生產環節、銷售環節以及服務環節發生的所有成本，以成本作為制定價格的唯一基礎。競爭導向定價法是以競爭對手確定的價格為基礎，保險公司利用此價格來確立自己在該目標市場體系中的地位。客戶導向定價方法是指保險公司制定分銷商或保單所有人雙方可以接受的價格，或者是根據購買者的需求強度來制定價格。

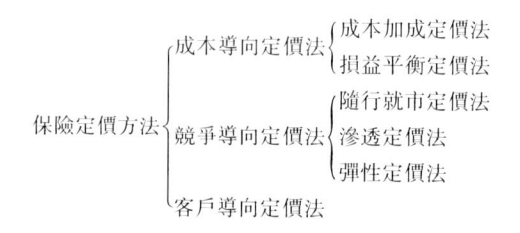

$$\text{保險定價方法}\begin{cases}\text{成本導向定價法}\begin{cases}\text{成本加成定價法}\\\text{損益平衡定價法}\end{cases}\\\text{競爭導向定價法}\begin{cases}\text{隨行就市定價法}\\\text{滲透定價法}\\\text{彈性定價法}\end{cases}\\\text{客戶導向定價法}\end{cases}$$

圖8.6　保險定價方法

(三) 保險定價的策略

一般企業定價時可以採用心理定價、組合定價和折扣定價等策略。保險定價有自身特殊性，不能完全照搬（見表8.3）。

表8.3　　　　　　　　　　　　　保險定價策略

定價策略	定義	說明
低費率策略	低費率策略是指以低於原價格的水平而確定保險費率的策略。	保險公司在實行低費率策略時，要嚴格控制在小範圍內使用。因為使用不當，會導致保險公司降低或喪失償付能力，最終損害被保險人的利益。
高費率策略	高費率策略是指以高於原價格水平而確定保險費率的策略。	保險價格過高，會使投保人支付保險費的負擔加重而不利於開拓保險市場。同時，定價高、利潤大，極容易誘發保險市場的激烈競爭。

表8.3(續)

定價策略	定義	說明
優惠費率策略	優惠費率策略是指保險公司在現有價格的基礎上，根據營銷需要給投保人以折扣與費率優惠的策略。	優惠費率策略是為了刺激投保人大量投保、長期投保、及時交付保險費和加強安全工作。保險公司從而提高市場佔有率。優惠費率策略主要有統保優惠、續保優惠、躉交優惠、安全防範優惠、免交或減付保險費等。
差異費率策略	差異費率策略是指按照一定標準，給予不同費率水平。	差異費率策略與優惠費率有一定相似性，但範疇更廣。

三、調整保險價格的策略

保險公司在厘定了保險費率後，在具體執行過程中，還要根據實際情況進行適當的調整，使保險費率更趨合理。此外，保險費率的調整也會給投保人和競爭者帶來一定的影響。

（一）保險價格的調整策略

保險公司調整保險費率的策略有保險心理策略、促銷策略、競爭策略等（見表8.4）。

表8.4　　　　　　　　　　**保險價格調整策略**

調整策略	說明
保險心理策略	根據保險消費者購買保險時的心理對險種的費率進行調整，使之成為消費者可接受的保險費率。
促銷策略	適當調整保險費以利促銷。常用的方法有普遍下調保險費率或調整個別險種的保險費率。
競爭策略	與競爭者同時進行調整，保持費率不變，採取跟隨策略。

（二）調整費率帶來的影響

1. 對投保人的影響

投保人（包括準投保人）對保險費率調整的反應在很大程度上影響著保險的銷售量。例如，中國在1997年年底時，在保險公司調整保險費率前的一週內，許多顧客瞭解到保險費率將要上調，蜂擁而至到保險公司購買保險，形成了前所未有的購買保險熱潮，保險銷售量急遽上升。

2. 對仲介人的影響

調整保險費率可能使保險銷售情況發生變化，而保險代理人和經紀人的收入依賴保險銷售量的高低。如果保險費率的調整促進了保險銷售，則保險代理人和經紀人的積極性會大增；反之，如果保險費率的調整阻礙了保險銷售，則會挫傷保險代理人和經紀人的積極性。

3. 對保險業的影響

保險公司在研究調整保險費率問題時，還必須預測同行業其他保險公司的反應。

第二部分　實驗設計

一、實驗基本情況

（一）實驗目的

通過實驗教學，讓學生掌握保險費與保險價格的基本概念，熟悉影響保險產品定價的影響因素，瞭解保險產品定價的原則、方法、策略與目標等。通過實驗，增強學生溝通與協作能力，使學生熟悉保險產品與保險網絡發展現狀。

（二）環境用具

電腦、保險實驗教學軟件、網絡連接、保險學術期刊、保險統計信息資料、保險案例信息、保險產品費率手冊等。

（三）實驗學時

2學時。

（四）實驗形式

分組討論、案例分析、軟件操作。

（五）實驗重點

保險定價影響因素，定價目標與定價策略。

二、實驗內容與教學組織

（一）保險產品定價影響因素分析

（1）安排學生登陸各保險公司網站或其他保險銷售網站（如泰康人壽保險或平安保險等），找到保費測算欄目。

（2）按照各網站提示輸入相關信息，獲取保險公司報價。

（3）嘗試變更輸入信息，獲取相應報價，並將報價結果差異進行記錄和分析。通過實驗瞭解保險公司產品定價的影響因素。

（二）保險定價與銷售量分析

（1）將學生分組，安排各組查找保險產品價格水平變化的重要案例，如「利差損」事件、2013年傳統壽險保單預定利率市場化改革等。

（2）找出上述案例對應的保險銷售量變化情況。

（3）對以上數據改變做出合理解釋，分析保險定價與銷售量之間的關系。

（三）保險定價目標、定價方法與定價策略分析

（1）引導學生搜索「車險價格戰」等案例，並重點搜索各保險公司的定價表現。

（2）分析各保險公司定價目標、定價方法與定價策略之間的聯繫。

【注意事項】

（1）保費測算軟件可能需要輸入真實信息，提前一週通知學生收集相關信息，如機動車行駛證信息等，以備保費測算使用。

(2) 相關案例等要提前搜索並記錄網址，如果學生搜索出現阻滯要及時引導。
(3) 在獲得許可的情況下，優先考慮通過保險公司軟件進行實驗。

【思考題】

(1) 保險產品定價受到哪些因素影響？
(2) 保險產品定價的原則有哪些？
(3) 保險產品定價的目標有哪些？
(4) 保險產品定價的方法有哪些？
(5) 保險產品定價策略和調整策略分別有哪些？

【參考文獻】

[1] 肖曉春. 精細化營銷 [M]. 北京：中國經濟出版社，2008.
[2] 張洪濤，時國慶. 保險營銷管理 [M]. 北京：中國人民大學出版社，2005.
[3] 徐井崗. 市場調研與預測 [M]. 北京：科學出版社，2009.
[4] 黃丹. 市場調研與預測 [M]. 北京：北京師範大學出版社，2007.

第三部分　實驗報告

一、實驗報告總表

實驗報告總表如表8.5所示：

表8.5　　　　　　　　　　實驗報告總表

實驗編號及實驗名稱	實驗8　保險產品定價				
分組編號		組長姓名		組長學號	
實驗地點		實驗日期		實驗時數	2學時
指導教師		同組其他成員		評定成績	
實驗內容及步驟	實驗內容	教學形式	時間控制	注意事項	
^	保險產品定價影響因素分析	軟件操作	20分鐘	在保險公司等網頁進行保費測算	
^	保險定價與銷售量分析	分組討論案例分析	20分鐘	「利差損」與銷量、利率市場化與銷量	
^	保險定價目標、定價方法與定價策略分析	分組討論案例分析	40分鐘	查找「車險價格戰」案例，關注各保險公司的定價行為	

表8.5(續)

實驗總結	
教師評語	

二、實驗操作與記錄

（一）關於保險產品定價影響因素分析

（1）本小組登陸的保險相關網站是（中文名、網址）：_____

_____

_____

（2）本小組測算的保險產品名稱是：_____

（3）各次輸入數據及保費報價如下：

_____

_____

_____

_____

_____

_____

_____

（二）關於保險定價與銷售量分析

（1）本小組找到的保險產品定價改變案例名稱（如「利差損事件」）及簡介如下：

_____

_____

_____

（2）本小組採用的案例對應的銷售數據（如保費或保單件數等）變化情況如下：

（三）保險定價目標、定價方法與定價策略分析
（1）車險價格戰案例簡介。

（2）各保險公司在案例當中的定價表現。

（3）分析和總結各保險公司在案例當中所反應出來的定價目標、定價方法和定價策略等。

第 5 章　保險分銷與促銷

實驗 9　保險營銷渠道管理

第一部分　保險營銷渠道管理基礎知識

一、保險營銷渠道的概念、功能與結構

（一）保險營銷渠道的概念

保險營銷渠道又稱保險銷售渠道、保險營銷體系，是指為完成保險市場交換活動而進行一系列保險營銷活動的組織和個人所形成的體系，是聯繫保險公司和顧客之間的橋樑，是保險商品順利流通、交換的關鍵。保險營銷渠道的起點是出售保險產品的保險公司，終點是購買保險產品的各種客戶，而參與這個保險產品從保險公司向客戶轉移過程的所有個人和組織都是保險營銷渠道的組成部分（見圖9.1）。

圖 9.1　保險營銷渠道

（二）保險營銷渠道的功能

保險營銷渠道的主要功能如下：

（1）研究，即收集制訂計劃和進行交換時所必需的信息。

（2）促銷，即進行關於所供應的貨物的說服性溝通。

（3）接洽，即尋找可能的購買者並與其進行溝通。

（4）配合，即使所供應的貨物符合購買者需要，包括製造、評分、裝配、包裝等活動。

（5）談判，即為了轉移所供貨物的所有權，而就其價格及有關條件達成最後協議。

（6）實體分銷，即從事商品的運輸、儲存。

（7）融資，即為補償渠道工作的成本費用而對資金的取得與支用。

（8）風險承擔，即承擔與從事渠道工作有關的全部風險。

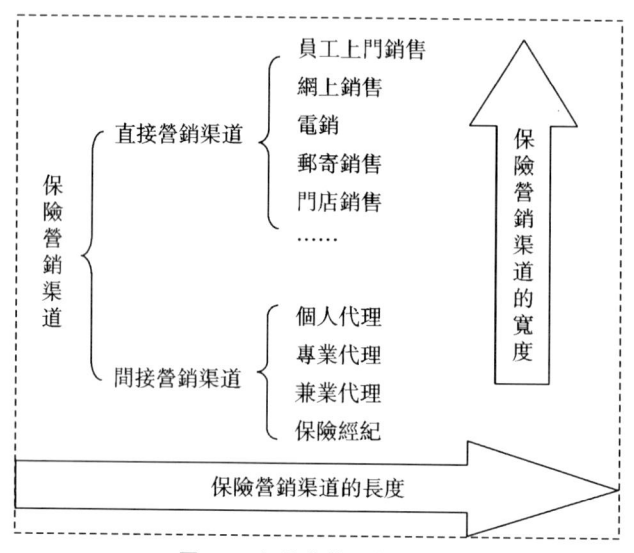

（三）保險營銷渠道的結構

保險營銷渠道的結構可以從渠道長度和渠道寬度兩個方面考慮（見圖9.2）。對於保險公司來說，營銷渠道越長越寬，控制越困難，而且費用增加越多。選擇合理的分銷渠道，既要考慮分銷渠道的長度，也要考慮分銷渠道的寬度。

```
                    ┌ 員工上門銷售
                    │ 網上銷售
         直接營銷渠道 ┤ 電銷
                    │ 郵寄銷售
  保險              │ 門店銷售
  營銷              └ ……
  渠道
                    ┌ 個人代理
         間接營銷渠道 ┤ 專業代理
                    │ 兼業代理
                    └ 保險經紀

         保險營銷渠道的長度 →
                           保險營銷渠道的寬度 ↑
```

圖9.2　保險營銷渠道的結構

二、主要保險營銷渠道

（一）直接營銷渠道

直接營銷渠道是保險公司通過支付薪金（不是佣金）雇傭業務人員，由這些業務人員向保險消費者直接提供各種保險商品的銷售和服務的渠道類型。

1. 直接營銷渠道的種類

直接營銷渠道的種類如圖9.3所示：

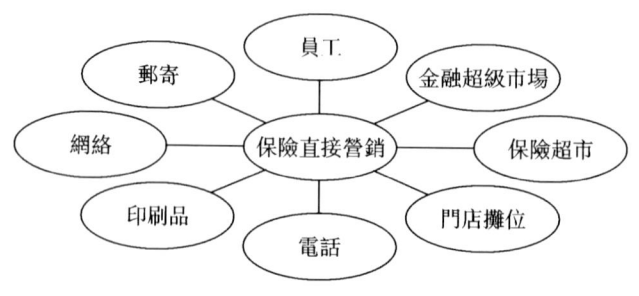

```
          員工        金融超級市場
    郵寄                      
           ╲    ╱    ╲
    網絡 ── 保險直接營銷 ── 保險超市
           ╱    ╲    ╱
    印刷品                
          電話        門店攤位
```

圖9.3　直接營銷渠道的種類

2. 直接營銷渠道的優劣勢

直接營銷渠道的優劣勢如表9.1所示：

表9.1　　　　　　　　　　　直接營銷渠道的優劣勢

優勢	劣勢
• 有利於瞭解保險需求和市場信息 • 有利於樹立和維護保險公司良好的社會形象 • 有利於降低業務費用和營銷成本 • 有利於保險公司實行低價競爭的策略 • 有利於對渠道加強控制力	• 渠道營運及維護等固定成本開支增加 • 銷售人員的積極性較低 • 市場接觸面較窄

3. 適合直接營銷渠道的保險產品的特徵

適合直接營銷渠道的保險產品的主要特徵如下：

（1）申請簡便。條款表述要嚴謹，措辭淺顯易懂，簡單明瞭。

（2）核保簡便。直銷險種往往需要快速核保和簡易核保，常用的做法是限額購買、團體購買或者保障風險單一、道德風險較低。

（3）管理簡便。採用系統化的投保和理賠處理程序，有效降低管理成本；採用標準化服務，人機結合，有效提升服務質量。

（4）繳費簡便。直銷險種大都在有關說明中簡單扼要地列明了直銷險種的費率和繳費手續，使客戶投保繳費非常方便。

（二）間接營銷渠道

1. 間接營銷渠道的種類

保險間接營銷渠道主要成員是保險代理人和保險經紀人。保險代理人是根據保險人的委託，向保險人收取代理手續費，並在保險人授權的範圍內代為辦理保險業務的單位和個人。保險經紀人是基於投保人的利益，為投保人與保險人訂立保險合同提供仲介服務，並依法收取佣金的有限責任公司（見圖9.4和圖9.5）。

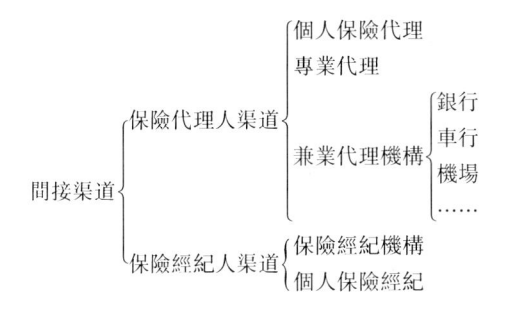

```
                              ┌ 個人保險代理
                              │ 專業代理
              ┌ 保險代理人渠道 ┤                  ┌ 銀行
              │               │                  │ 車行
間接渠道 ┤               └ 兼業代理機構 ┤ 機場
              │                                   └ ……
              │               ┌ 保險經紀機構
              └ 保險經紀人渠道 ┤
                              └ 個人保險經紀
```

圖9.4　保險間接渠道分類

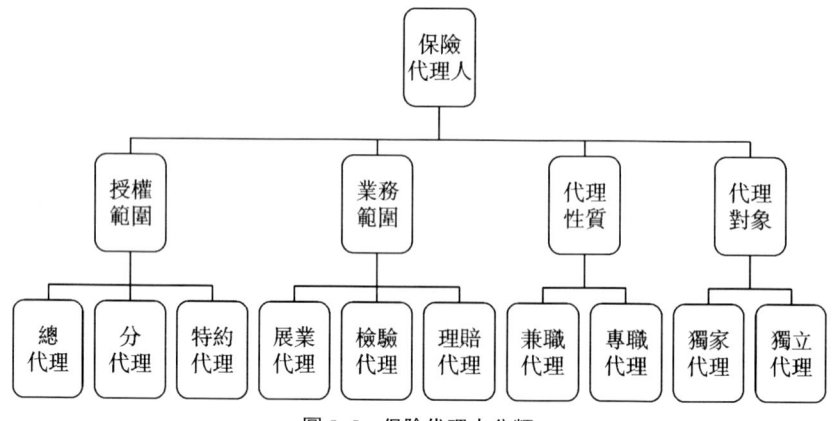

```
                    ┌─────────┐
                    │保險代理人│
                    └────┬────┘
        ┌────────────┬───┴────────┬────────────┐
     ┌──┴──┐      ┌──┴──┐      ┌──┴──┐      ┌──┴──┐
     │授權 │      │業務 │      │代理 │      │代理 │
     │範圍 │      │範圍 │      │性質 │      │對象 │
     └──┬──┘      └──┬──┘      └──┬──┘      └──┬──┘
   ┌────┼────┐  ┌────┼────┐    ┌──┴──┐      ┌──┴──┐
 ┌─┴┐ ┌─┴┐ ┌─┴┐┌─┴┐ ┌─┴┐ ┌─┴┐┌─┴┐ ┌─┴┐   ┌─┴┐ ┌─┴┐
 │總││分││特約││展││檢││理││兼││專│  │獨││獨│
 │代││代││代 ││業││驗││賠││職││職│  │家││立│
 │理││理││理 ││代││代││代││代││代│  │代││代│
 │  ││  ││   ││理││理││理││理││理│  │理││理│
 └──┘└──┘└───┘└──┘└──┘└──┘└──┘└──┘  └──┘└──┘
```

圖 9.5　保險代理人分類

2. 保險專業仲介機構對比

保險專業仲介機構對比如表 9.2 所示：

表 9.2　　　　　　　　　　保險專業仲介機構對比

	保險代理公司	保險經紀公司
組織形式	有限責任公司 股份有限公司	有限責任公司 股份有限公司
註冊資本	人民幣 5,000 萬元，實繳貨幣資本	人民幣 5,000 萬元，實繳貨幣資本
業務範圍	• 代理銷售保險產品 • 代理收取保險費 • 代理相關保險業務的損失勘查和理賠 • 中國保監會批准的其他業務	• 為投保人擬訂投保方案、選擇保險公司以及辦理投保手續 • 協助被保險人或者受益人進行索賠 • 再保險經紀業務 • 為委託人提供防災、防損或者風險評估、風險管理諮詢服務 • 中國保監會批准的其他業務

三、保險營銷渠道管理

（一）影響保險營銷渠道選擇的因素

影響保險營銷渠道選擇的因素如表 9.3 所示：

表 9.3　　　　　　　　影響保險營銷渠道選擇的因素

影響因素	說明
產品因素	具備標準化條款、件均保費低、技術含量低、強制保險等特徵的保險產品適合採用直接營銷渠道；反之則適合間接營銷渠道。
市場因素	市場分散化程度、購買金額、購買頻率、購買便利性、售後服務等市場因素對保險營銷渠道選擇有重要影響。
保險公司自身因素	公司的財力、股東資源、戰略定位、技術儲備、人才儲備、產品儲備與開發能力等因素會影響營銷渠道選擇。
環境因素	競爭環境、經濟環境、法律環境等對營銷渠道選擇有重大影響。

（二）保險營銷渠道的選擇策略

現代保險營銷渠道已不是完全孤立的直接營銷渠道或間接營銷渠道，而是多種營銷渠道的結合或組合運用。保險營銷應適應市場轉型的需要，因險種、因地、因人不同而採取靈活的營銷渠道。

1. 不同的險種採取不同的營銷渠道

有的險種設計得比較簡單、通俗易懂，非保險專業人士完全能夠看懂，並且不需要體檢或對於健康狀況要求不高，風險比較容易控制，不易產生逆選擇，則可以通過低接觸性的銷售渠道（如電話營銷、網絡營銷等）來銷售，減少中間環節和費用，降低成本，提高利潤。

2. 不同的地區採取不同的營銷渠道

城市以及經濟較發達地區，客戶群層次相對較高、需求多樣化、觀念更新相對較容易，基礎建設較完善，網絡硬件環境建設較好，加上數字簽名等安全保障技術的應用，在外部環境上城市完全具備推動網絡銷售的條件。中國農村和經濟欠發達地區居民的保險知識缺乏、保險意識低，應專門設計簡單明瞭、通俗易懂的保單和條款。

3. 不同的對象採取不同的營銷渠道

大眾客戶需要的是直截了當的指導和建議，並且需要的是標準化的簡單迅速的服務，個人營銷代理和銀行代理模式可能比較適合他們。高價值客戶需要的是金融專家針對個人需求的廣泛問題提供諮詢，那麼高水平的財務顧問則可能比較適合這類客戶。

4. 不同的階段採取不同的營銷渠道

一個保險產品的銷售過程分為五個階段，即潛在客戶產生、客戶身分認證、售前、銷售完成、售後服務。例如，經過最低成本方式整合後，第一階段採用互聯網渠道，第二、第三、第五階段採用電話方式，第四階段也就是銷售完成階段則採用員工面談直接銷售方式，這樣銷售成本可以大大降低，利潤也會隨之增加。

（三）保險營銷渠道管理的內容

對於保險營銷渠道的管理，實質上就是利用保險營銷渠道開展業務的動態化過程，主要包括選擇渠道成員、激勵渠道成員、評價渠道成員、改進渠道安排、化解渠道衝突等幾項工作（見表9.4）。

表9.4

管理內容	說明
選擇渠道成員	結合各種渠道的特點，綜合考慮渠道選擇的影響因素，靈活運用渠道選擇策略，選擇渠道成員。
培訓渠道成員	使合作夥伴認識雙方合作的前景，瞭解保險市場和公司，促進雙方文化融合，掌握保險知識、業務處理流程、保險產品銷售技能等。
激勵渠道成員	激發渠道成員的動機，使其產生內在動力，朝著所期望的目標前進，調動渠道成員銷售本公司產品的積極性。
評價渠道成員	定期對渠道成員進行評價，以便決定是對渠道管理進行改進以及如何改進。渠道評估指標主要有銷售業績、成本支出、忠誠度、努力狀況、客戶滿意等。

表9.4(續)

管理內容	說明
改進渠道安排	根據評價結果採取措施。對於合作良好的渠道成員應給予一定獎勵，對於業績不佳的渠道成員應給予建議和幫助，對於業績非常差的渠道成員可以考慮中止合作關系。
化解渠道衝突	化解渠道衝突的主要方法有：確立共同目標，這是解決衝突的首選方法；鼓勵合作；鼓勵各銷售渠道成員之間的相互溝通，這種溝通有利於其相互瞭解各自的特點和作用；加大管理力度，加大對主要銷售活動的管理力度，促進各渠道相互間的協調和配合。

第二部分　實驗設計

一、實驗基本情況

（一）實驗目的

通過實驗教學，讓學生掌握保險分銷渠道的分類和主要保險分銷渠道的特點，瞭解各種保險分銷渠道的發展情況和新型營銷渠道的發展趨勢。

（二）環境用具

電腦、保險實驗教學軟件、網絡連接、保險學術期刊、保險統計信息資料、保險營銷渠道衝突案例。

（三）實驗學時

3學時。

（四）實驗形式

分組討論、案例分析。

（五）實驗重點

各種保險營銷渠道的特點，新型保險營銷渠道發展趨勢。

二、實驗內容與教學組織

（一）瞭解營銷渠道的種類及狀況

（1）將學生分組，登陸中國保險學會、中國保險行業協會、保險仲介行業協會、中國保監會、各保險公司、中國知網等網站，查找保險營銷渠道分類的資料和渠道保費收入占比等數據。

（2）將找到的資料匯總，對保險營銷渠道進行分類，並製作分類圖。

（二）瞭解各主要營銷渠道的特點

（1）可登陸各保險銷售網站，查閱學術論文，查閱權威統計資料等。結合上述找到的資料，統計各項指標，分析各主要保險營銷渠道的特點。

（2）要提醒學生歸納特點時的條理性和全面性，從可控性、渠道產品特色、覆蓋面、可接觸性、成本等方面考察。

（三）渠道選擇與管理

（1）對在上述資料中涉及的保險公司選擇保險營銷渠道的合理性進行分析。

（2）找一個保險營銷渠道衝突案例並分析，要求學生指出該衝突的類型、解決對策的合理性等。

（四）新型保險營銷渠道發展趨勢分析

（1）將各保險營銷渠道不同時期的保費數據等進行對比，繪製發展趨勢圖。

（2）結合所學知識，探討新型保險營銷渠道的發展趨勢。

【注意事項】

（1）渠道特點的相關指標要提前歸納總結，實驗時給學生參考，降低實驗難度。

（2）保險營銷渠道衝突的案例要課前準備好，在學生搜索之後供學生參考，保證實驗的時間控制要求。

【思考題】

（1）保險營銷渠道有哪些？
（2）各種保險營銷渠道的特點是什麼？
（3）保險公司選擇保險營銷渠道主要考慮哪些因素？
（4）保險公司如何應對保險營銷渠道衝突。

【參考文獻】

［1］鄧瓊芳．保險推銷員心理學讀本［M］．北京：時事出版社，2011．
［2］肖曉春．精細化營銷［M］．北京：中國經濟出版社，2008．
［3］朱麗莎．中國網絡保險發展研究［J］．電子商務，2013（1）．

第三部分　實驗報告

一、實驗報告總表

實驗報告總表如表 9.5 所示：

表 9.5　　　　　　　　　　**實驗報告總表**

實驗編號及實驗名稱	實驗 9　保險營銷渠道管理			
分組編號		組長姓名		組長學號	
實驗地點		實驗日期		實驗時數	3 學時
指導教師		同組其他成員		評定成績	

表9.5(續)

	實驗內容	教學形式	時間控制	注意事項
實驗內容及步驟	瞭解營銷渠道的種類及發展狀況	分組討論	20分鐘	登陸中國保險學會、中國保監會等網站
	瞭解各主要營銷渠道的特點	分組討論	30分鐘	可控性、渠道產品、覆蓋面、可接觸性、成本等指標 可登陸各保險銷售網站、查閱學術論文、查閱權威統計資料等
	渠道選擇與管理	案例分析	40分鐘	分析上述資料中保險公司渠道選擇的依據 找一個保險營銷渠道衝突案例並分析
	新型保險營銷渠道發展趨勢分析	分組討論	30分鐘	對電銷、網絡渠道、社交媒體渠道等發展數據進行分析
實驗總結				
教師評語				

二、實驗操作與記錄

（一）瞭解營銷渠道的種類及狀況

（1）本小組查閱的資料來源是：＿＿

（2）根據上述資料，繪製保險營銷渠道分類圖（本小組在實驗中總結出的分類圖）。

（二）瞭解各主要營銷渠道的特點

多途徑查找相關資料，通過查找資料，將各保險營銷渠道的特點（如可控性、渠道產品、覆蓋面、可接觸性、成本等指標）進行總結，並製作成表格（表格形式自定，本步驟難度較大，各小組在規定時間嘗試之後，可以課後繼續完成）。

（三）渠道選擇
（1）本小組查找到並擬研究的保險公司是：＿＿＿＿＿＿＿＿＿＿＿＿＿＿
（2）該公司採用的保險營銷渠道有：＿＿＿＿＿＿＿＿＿＿＿＿＿＿＿＿
＿＿＿＿＿＿＿＿＿＿＿＿＿＿＿＿＿＿＿＿＿＿＿＿＿＿＿＿＿＿＿＿＿＿
＿＿＿＿＿＿＿＿＿＿＿＿＿＿＿＿＿＿＿＿＿＿＿＿＿＿＿＿＿＿＿＿＿＿
＿＿＿＿＿＿＿＿＿＿＿＿＿＿＿＿＿＿＿＿＿＿＿＿＿＿＿＿＿＿＿＿＿＿
＿＿＿＿＿＿＿＿＿＿＿＿＿＿＿＿＿＿＿＿＿＿＿＿＿＿＿＿＿＿＿＿＿＿

（3）請對該公司渠道選擇的合理性進行分析（300字以內）。
＿＿＿＿＿＿＿＿＿＿＿＿＿＿＿＿＿＿＿＿＿＿＿＿＿＿＿＿＿＿＿＿＿＿
＿＿＿＿＿＿＿＿＿＿＿＿＿＿＿＿＿＿＿＿＿＿＿＿＿＿＿＿＿＿＿＿＿＿
＿＿＿＿＿＿＿＿＿＿＿＿＿＿＿＿＿＿＿＿＿＿＿＿＿＿＿＿＿＿＿＿＿＿
＿＿＿＿＿＿＿＿＿＿＿＿＿＿＿＿＿＿＿＿＿＿＿＿＿＿＿＿＿＿＿＿＿＿
＿＿＿＿＿＿＿＿＿＿＿＿＿＿＿＿＿＿＿＿＿＿＿＿＿＿＿＿＿＿＿＿＿＿
＿＿＿＿＿＿＿＿＿＿＿＿＿＿＿＿＿＿＿＿＿＿＿＿＿＿＿＿＿＿＿＿＿＿
＿＿＿＿＿＿＿＿＿＿＿＿＿＿＿＿＿＿＿＿＿＿＿＿＿＿＿＿＿＿＿＿＿＿

（四）渠道衝突管理
（1）本小組選擇的保險營銷衝突案例是：＿＿＿＿＿＿＿＿＿＿＿＿＿＿
（2）請介紹該案例的類型和主要情節（200字以內）。
＿＿＿＿＿＿＿＿＿＿＿＿＿＿＿＿＿＿＿＿＿＿＿＿＿＿＿＿＿＿＿＿＿＿
＿＿＿＿＿＿＿＿＿＿＿＿＿＿＿＿＿＿＿＿＿＿＿＿＿＿＿＿＿＿＿＿＿＿
＿＿＿＿＿＿＿＿＿＿＿＿＿＿＿＿＿＿＿＿＿＿＿＿＿＿＿＿＿＿＿＿＿＿
＿＿＿＿＿＿＿＿＿＿＿＿＿＿＿＿＿＿＿＿＿＿＿＿＿＿＿＿＿＿＿＿＿＿
＿＿＿＿＿＿＿＿＿＿＿＿＿＿＿＿＿＿＿＿＿＿＿＿＿＿＿＿＿＿＿＿＿＿

（3）請分析該衝突解決對策的合理性（300字以內）。

（五）新型保險營銷渠道發展趨勢分析
（1）將各保險營銷渠道不同時期的保費數據等進行對比，繪製發展趨勢圖。

（2）結合所學知識，討論新型保險營銷渠道的發展趨勢（300字以內）。

實驗 10　保險展業流程

第一部分　保險展業流程基礎知識

一、保險展業流程的定義

保險展業流程也稱保險銷售循環，是指保險業務員從客戶定位、客戶拜訪一直到完成保險合同簽訂等所經歷的工作環節，是保險銷售工作各環節的規範化和指引。熟練掌握保險展業流程，可以協助保險業務員掌握銷售節奏、提升工作效率、節約成本。保險業務員如果想要知道自己的目標客戶是誰、如何接觸目標客戶、如何進行有效溝通……直至成功簽訂保險合同，就必須瞭解保險展業流程，理解和掌握流程中的要點，並以此指導自己的日常銷售工作。保險機構在「新人」培訓課程中會講授和演練保險展業流程。

保險展業流程一般包括客戶定位→客戶拜訪→銷售面談→異議處理→促成→保單送遞→客戶服務等環節，而且構成一個循環（見圖 10.1）。也有人認為一般的保險展業流程包括六個步驟：尋找準客戶、瞄準客戶市場、邀約準客戶、制訂拜訪計劃、拜訪準客戶和歸檔準客戶資料等（見圖 10.2）。各公司可能有一些細微差別（見圖 10.3）。

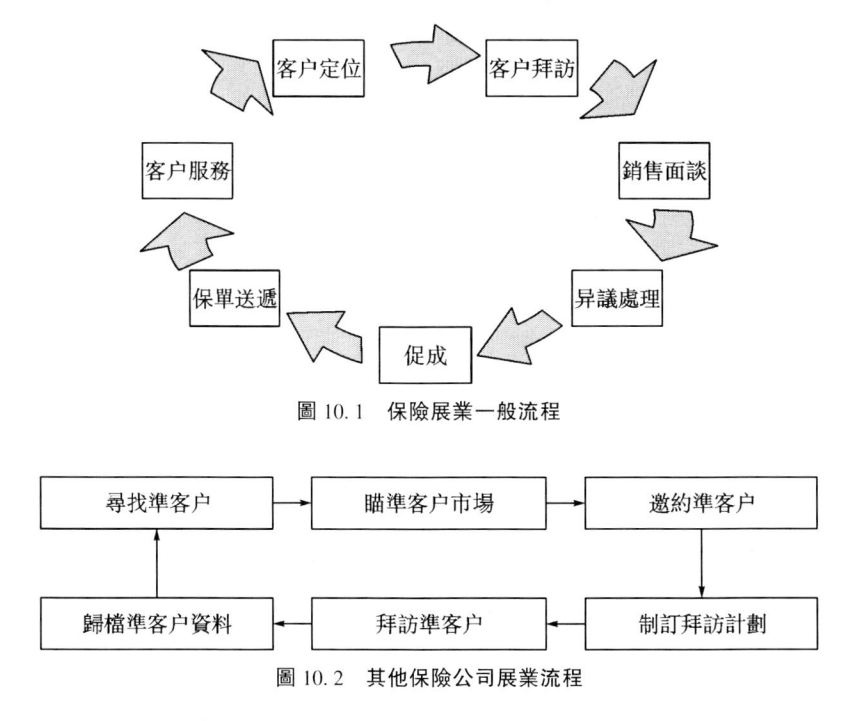

圖 10.1　保險展業一般流程

圖 10.2　其他保險公司展業流程

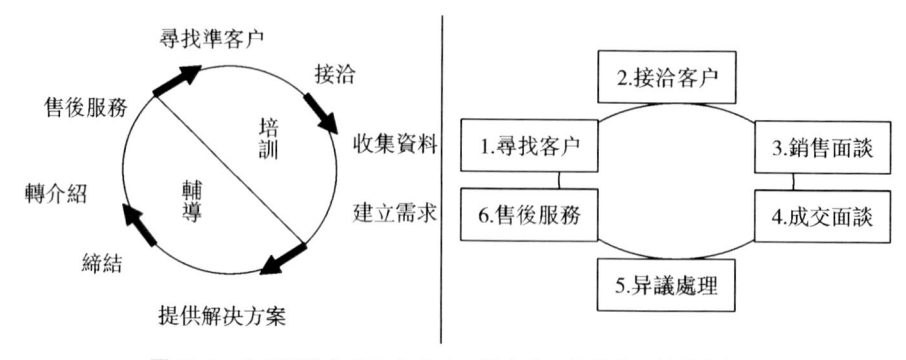

圖 10.3　友邦保險公司和金盛（工銀安盛）保險公司的銷售循環

二、對保險展業流程的理解

（一）客戶定位

保險產品種類繁多，各有特色，要求保險業務員掌握的具體知識也不盡相同。客戶的行為特徵千差萬別，保險業務員不可能與所有的客戶都有共同語言，也不可能熟知各行各業不同的風險特徵，對財產保險而言如此，對人身保險而言也是如此。所謂「物以類聚，人以群分」，展業人員應當綜合考慮各種因素，包括自身的知識結構、工作和生活經歷、個人偏好、所銷售的保險產品的特點、所在地區消費者的行為特徵等，選定自己的主要展業客戶對象，做到有的放矢，事半功倍。

準客戶必須符合一定的條件：

（1）有保險需要的人。例如，經商者、年逾 37 歲者、新婚者、初為人父者等。

（2）有決定權的人。保險的決策者、購買者、使用者、影響決策者往往不是同一個人，保險營銷員要關注的對象是有決定權的人。

（3）具有保險利益的人。例如，壽險中的本人、配偶、子女、父母等。

（4）付得起保費的人。

（5）易接觸的人。

（6）能通過公司核保的人。

要靈活運用多種方法尋找準客戶。例如，利用人際關係網，通過陌生拜訪，利用鏈式反應尋找，從各種統計報表、名冊、企業名錄等上面尋找，通過諮詢和市場調查尋找等。

（二）客戶拜訪

篩選客戶之後，要著手準備接近客戶。如果客戶是企業，則要收集該企業的相關資料，瞭解該企業的生產經營狀況，對該企業所面臨的風險有較好的分析，並收集該企業相關負責人的個人信息，推測其可能具備的行為特徵，做好各種面談假設應對方案。以上論述有可能過於理想化，有人認為中國目前保險展業的特點是「展業基本靠關係，競爭基本靠價格」，這種觀點有一定的代表性，但是隨著市場經濟的日益完善，保險展業會日益規範，只有那些真正為企業利益著想、能為投保企業帶來價值的保險業務員才會有施展的舞臺。如果客戶是個人，則要清楚客戶所處行業的工資及福利水

平，熟悉當地的社會保障情況，熟悉客戶所處的群體消費觀念及習慣等。

接近客戶之前，可以利用電話、問卷調查、信函等進行邀約。拜訪客戶必須事先制訂計劃。一份完整的拜訪計劃一般包括以下內容：

（1）拜訪的原因、目的；
（2）拜訪的內容；
（3）拜訪的地點；
（4）拜訪的時間；
（5）拜訪的對象；
（6）拜訪採取的策略。

拜訪計劃可以按日、按週、按月分別制定（見表10.1、表10.2、表10.3）

表10.1　　　　　　　　　　每日拜訪計劃表

時間/內容	一類內容	二類內容	三類內容	備註
早晨	早訓 自我激勵	儀容儀表檢查……		
上午	重點拜訪的客戶 A、B、C……	重點復訪的保戶 1、2……	私事及其他……	
下午	其次拜訪的客戶 D、E、F……	其次復訪的保戶 3、4……		
晚上	總結經驗 制訂第二日計劃	和朋友交談心得	放鬆自己	

表10.2　　　　　　　　　　週拜訪工作計劃表

項目/時間	週一	週二	週三	週四	週五
陌生拜訪數					
原客戶拜訪數					
復訪數					
發掘新客戶數					
完成金額					
佣金收入					
備註					

表10.3　　　　　　　　　　月拜訪工作計劃表

內容/時段	上旬	中旬	下旬	備註
預定拜訪人數				
預定簽約總人數				
預定達成金額				
成交的險種				

（三）銷售面談

與客戶進行接觸後，選擇時機進行保險產品銷售面談，當然在面談之前各種「道具」必不可少（見表10.4）。在銷售面談的過程中，要掌握客戶的盡量詳細的信息，並據此初步擬定保險計劃書。對於獲取的客戶信息要嚴格遵守職業道德規範，為客戶保密。此外，對於客戶所提供的信息要進行辨別和篩選，務必使信息真實，以便制訂的保險計劃能真正滿足客戶的需求。

表 10.4　　　　　　　　　　保險展業必備工具

市場調查表	條款	業務手冊	宣傳單	投保單
收據	筆	理賠資料	身分證	工作證（展業證）
計算器	名片	多媒體資料	便箋	其他工具

保險營銷員要學會搜集各種話題，以便在與不同的客戶見面時能打破尷尬。認真準備開場白，適時引入正題，掌握溝通技巧（見表10.5）。

表 10.5　　　　　　　　　　銷售面談注意事項

面談原則	①互尊原則；②反饋原則；③興趣原則；④愉悅原則。
語言表達	①語氣要平緩，語調要低沉明朗；②運用停頓的奧妙；③詞句必須與表情相配合；④隨時說「謝謝」；⑤盡量用委婉的問話；⑥熟練地運用「您可能也知道」；⑦與長輩談話盡量提及他年輕時代的事；⑧真誠地讚美。
傾聽技巧	①端正認識；②態度誠懇；③不要打斷對方的談話；④用語言和形體語言去鼓勵客戶說下去；⑤與客戶談話的內容產生共鳴；⑥充分利用沉默；⑦抓住中心，理解話意。
目光交流	①目光要真誠、專注、柔和地平視客戶；②眼光停留在客戶的眼眉部位；③視線不可左右飄忽不定；④要學會將關懷和讚賞用眼神表達出來。

（四）異議處理

在銷售面談的過程中，客戶可能有抗拒心理，可能有許多疑問，還可能有其他一些細節，阻礙客戶認可保險業務員及其所制訂的保險計劃書。此時，保險業務員應當揣摩客戶每一句話背後所隱含的深層次意圖，事先進行話術演練，靈活而詳盡地回答客戶的每一個問題，打消客戶的抗拒或者猶豫（表10.6）。當然，在整個展業過程中都必須站在客戶的立場，一心維護客戶的利益，不可以因保險業務員個人利益而誤導、欺騙客戶。

表 10.6　　　　　　　　　　常見的四類真實異議

異議類別	常見的說法	處理方法
不需要	「我自己有儲蓄。」「我家人會有其他辦法生活。」「我有公司有團體保險和社保。」	客戶：顯示他相信自己及家人有足夠的保障。代理人：找出客戶所關心的事，如子女教育、退休金、供房貸款等，指出客戶的其他重要的需要同樣需要保險去解決。

表10.6（續）

異議類別	常見的說法	處理方法
沒錢	「我負擔不起。」 「我的日常開支很大。」 「我暫時不願意有額外負擔。」	客戶：並非真正表示他沒有能力負擔保費，只是他不願意花錢買保險。 代理人：令客戶明白代理人所推薦的計劃，不僅客戶能夠負擔，而且更值得購買。因為保險既可以提供家庭保障，又能起到穩定資產的作用。
不用急	「我要多加考慮。」 「下個月才可以答復您。」 「我要和太太商量一下。」 「我現在很忙，以後再說了。」	客戶：顯示客戶是希望延遲做出決定，而忽略了馬上投保的重要性。 代理人：向客戶指出拖延決定的後果——可能為家庭及個人帶來危機。最好能準備一些例子及真實故事來說服客戶為何需要立即購買。
沒信心	「我朋友也是從事這一行業。」 「我在原來的保險公司投保就可以了。」 「我要與其他公司做個比較。」 「我怕通貨膨脹。」	客戶：可能對代理人、代理人代表的公司或代理人推銷的產品缺乏信心，不願意交易。 代理人：令對方深信代理人是專業人士，有足夠的知識與經驗，並曾接受過嚴格的訓練。而代理人的公司則穩健可靠，服務超群。展示公司產品的優勢，讓客戶知道只有選擇代理人及其公司產品才是明智之舉。

（五）促成

在客戶理解將要購買的保險計劃、沒有什麼疑問之後，保險業務員應當及時進行促成，協助客戶填寫投保單證，準備各種資料。保險消費雖然對生產和生活的影響很大，但又不像對購買其他商品一樣有明顯的急迫性和主動性，如果不及時促成，客戶原本不十分堅定的購買行為可能會中止，使保險業務員前功盡棄。更嚴重的是，如果因為保險業務員沒有及時促成，而在此期間客戶又不幸發生「保險事故」，則保險業務員內心將忍受何等的煎熬，客戶又將忍受何等的悲痛。

（六）保單送遞

保險單製作完畢之後，保險業務員應當及時將保單親自送達客戶手中，不僅僅是為了獲得保單送達回執，更重要的是向客戶表明一種優質的服務態度，讓客戶獲得超過想像的滿意，培養和提升客戶的忠誠度。在保單送遞的過程中，還可以進一步向客戶講解條款內容、客戶的權利和義務，包括責任免除條款、猶豫期等等，讓客戶明明白白消費，降低保單失效率。此外，還可以通過保單送遞增加與客戶的接觸機會，增進聯繫，或許還可以獲得客戶的轉介紹，也可以為將來進行二次展業埋下伏筆。

（七）客戶服務

客戶服務放在最後來講，並不表明客戶服務是最後才需要做的，事實上，客戶服務貫穿於展業過程的始終。保險業本身就是屬於服務行業，尤其是保險產品是一紙法律合同，沒有顯著的實物形態，顯得有點虛無縹緲，也很難進行比較。此時，客戶對保險產品質量及保險消費的評價可能在很大程度上取決於服務的水平。好的服務就像無聲的廣告，流傳久遠。

在保險展業流程的多個環節中，都要注意「話術」問題。

第二部分　實驗設計

一、實驗基本情況

（一）實驗目的

通過實驗教學，使學生熟悉保險展業的基本流程和技巧，既包括開拓準客戶的方法、與客戶進行溝通的基本技巧，又包括對客戶資料的管理等。要求學生熟練掌握保險展業的流程和技巧，能根據目標客戶的行為特點和不同保險產品的特點靈活運用不同的展業技巧，幫助客戶消除購買保險產品的疑慮。

（二）環境用具

電腦、保險實驗教學軟件、網絡連接、保險展業工具（包括紙張、筆、計算器等）、保險話術演練手冊、災害事故新聞簡報等。

（三）實驗學時

2學時。

（四）實驗形式

軟件操作、角色扮演、分組討論。

（五）實驗重點

保險展業流程、面談與異議處理。

二、實驗內容與教學組織

（一）準客戶開拓

（1）使用實驗軟件，熟練使用系統進行客戶分類和管理。

（2）分組討論準客戶開拓的意義，分析準客戶必須具備的條件，討論開拓準客戶的常用方法。

（二）接近技巧

（1）要求學生選定客戶，選擇某種接近客戶的方法。

（2）將學生分組，進行角色扮演，其他成員進行觀察並負責指出存在的問題。

（三）客戶異議處理

（1）演練幾種典型的客戶拒絕理由，分析其言語所包含的真實心理。

（2）以幾種典型的保險銷售促成技巧為例進行演練和分析，強化學生對促成時機的把握。

【注意事項】

（1）角色扮演環節要引導學生認真對待，按照教學安排演練。

（2）異議處理時的話術演練應該進行深層次的客戶心理分析，準確使用應答語句。

（3）要提前準備話術演練手冊資料等。

（4）實驗軟件可以搜索免費軟件，軟件框架基本可用即可。

【思考題】

(1) 準客戶開拓有哪些方法，各自有何特點？
(2) 面談或者電話溝通各應該注意哪些問題？
(3) 常見的客戶異議有哪些，其包含的深層次客戶心理活動是什麼？
(4) 將本小組的展業流程用圖的形式進行描述，要註明各步驟的注意事項。

【參考文獻】

［1］章金萍，李兵. 保險營銷實務［M］. 北京：中國金融出版社，2012.
［2］泰康人壽保險股份有限公司. 新人基礎培訓學員手冊（內部資料）［Z］. 2003.
［3］孫郡鎧. 做最好的保險推銷員［M］. 北京：中國華僑出版社，2009.
［4］方有恒，郭頌平. 保險營銷學［M］. 上海：復旦大學出版社，2013.

第三部分 實驗報告

一、實驗報告總表

實驗報告總表如表10.7所示：

表10.7　　　　　　　　　　實驗報告總表

實驗編號及實驗名稱	實驗10　保險展業流程			
分組編號		組長姓名		組長學號	
實驗地點		實驗日期		實驗時數	2學時
指導教師		同組其他成員		評定成績	

	實驗內容	教學形式	時間控制	注意事項
實驗內容及步驟	熟悉實驗軟件	軟件操作	20分鐘	統一使用教學軟件，掌握客戶管理軟件的基本使用方法
	客戶開拓，接近技巧	分組討論角色扮演	30分鐘	將所討論的方法列舉出來，演練其中某種客戶開拓方法，注意接近技巧
	客戶異議處理	角色扮演	30分鐘	分組進行角色扮演，安排組員觀察並評議

表10.7(續)

實驗總結	
教師評語	

二、實驗操作與記錄

　　(一) 準客戶開拓

　　(1) 使用實驗軟件，熟練使用系統進行客戶分類和管理。

　　本小組使用的客戶管理軟件名稱是：_____

　　該軟件將客戶分為哪些類別：_____

_____
_____
_____
_____
_____

　　(2) 列舉開拓準客戶的常用方法：_____

_____
_____
_____
_____

　　(二) 接近技巧（本小組接近客戶演練）

　　(1) 本小組選定的客戶情況簡介：_____

_____
_____
_____

　　(2) 本小組運用的主要方法是：_____

(3) 本小組成員角色分配如下：
成員：＿＿＿＿＿　扮演角色：＿＿＿＿＿＿＿＿＿＿＿＿＿＿＿＿
成員：＿＿＿＿＿　扮演角色：＿＿＿＿＿＿＿＿＿＿＿＿＿＿＿＿
成員：＿＿＿＿＿　扮演角色：＿＿＿＿＿＿＿＿＿＿＿＿＿＿＿＿
成員：＿＿＿＿＿　扮演角色：＿＿＿＿＿＿＿＿＿＿＿＿＿＿＿＿
成員：＿＿＿＿＿　扮演角色：＿＿＿＿＿＿＿＿＿＿＿＿＿＿＿＿
成員：＿＿＿＿＿　扮演角色：＿＿＿＿＿＿＿＿＿＿＿＿＿＿＿＿
(4) 在演練過程中發現的主要問題如下：

(三) 客戶異議處理
(1) 可以沿用上面步驟的本小組成員角色分配，將「客戶」的異議記錄如下：

(2) 分析該客戶異議的真實意圖如下：

（3）本小組「業務員」應對策略如下：

_____
_____
_____
_____

該「業務員」的應對是否正確。

_____
_____

（四）請將本小組的實驗過程以流程圖的形式進行描述（上課時間有限，本步驟可以在課後完成）

作業要求：

（1）將本小組「客戶分類、篩選、接觸……保單送達」的過程單獨用圖的形式進行描繪，並簡單註明各環節的注意事項或關鍵因素。

（2）盡量結合教學實驗軟件，將各個環節用截圖工具截圖，按展業流程的順序粘貼，並標註必要的說明文字。

（3）整個作業都要求圍繞具體的客戶進行，如果軟件系統中沒有所需要的客戶資料則假設一個客戶資料，並輸入到軟件系統中。

（4）流程中如果涉及「保險計劃書」的有關內容則請略寫，我們將在後續實驗當中專門討論保險計劃書的寫作問題，本次實驗的重點在於本流程的其他環節。

實驗 11　保險促銷

第一部分　保險促銷基礎知識

一、保險促銷及其作用

促銷，即促進銷售的簡稱，是指以人員或非人員的方法，及時、準確地向用戶或消費者傳遞有關信息，讓用戶和消費者認識到商品或勞務所能帶來的好處和利益，以激發他們的購買慾望並最終使其實施購買行為。由此可見，促銷的實質是營銷者與購買者之間的信息溝通。通過保險促銷，可以傳遞保險信息；突出險種特色；刺激保險需求；提高聲譽，鞏固市場；擴大銷售。

二、保險促銷的手段

保險促銷的手段可分為直接促銷和間接促銷兩大類。直接促銷，即保險人員促銷。間接促銷又稱非人員促銷，可分為保險廣告促銷、保險公共關系促銷和保險展業推廣（見圖 11.1）。

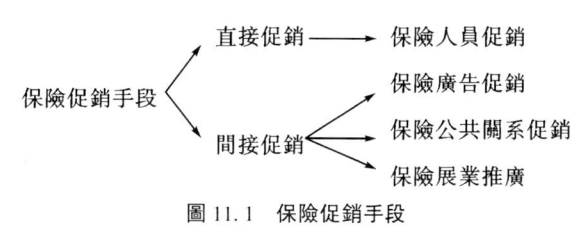

```
                    直接促銷 ──→ 保險人員促銷
                               ┌→ 保險廣告促銷
保險促銷手段
                    間接促銷 ──┼→ 保險公共關系促銷
                               └→ 保險展業推廣
```

圖 11.1　保險促銷手段

保險人員促銷是指保險公司的營銷人員通過與準投保人面對面地接觸，運用各種推銷技巧和手段促使準投保人採取投保行為的銷售活動。保險廣告促銷是指保險公司利用廣告媒介的宣傳向公眾介紹自己所銷售的險種及相關服務。保險公共關系促銷簡稱保險公關促銷，是指保險公司為了在公眾心目中樹立良好的保險公司形象而向公眾提供信息和開展溝通的一系列活動。保險展業推廣是指保險公司通過利用險種優勢、價格優惠和服務的差別性，以及通過推銷獎勵等來促進銷售的一系列方式方法的總和。保險展業推廣很少單獨地使用，是促銷組合策略中的一個重要組成部分，是保險廣告促銷和保險人員促銷的一種輔助手段。

三、保險促銷的策略

保險促銷的策略就是促銷組合的策略，可分為推動策略和拉動策略兩種。

（一）推動策略

簡單地講，推動策略的實施對象就是分銷渠道的各成員，為推動各成員積極開展業務而採取的措施即為推動策略。

（二）拉動策略

拉動策略就是運用大量廣告和其他宣傳措施來激發消費者對保險公司的產品產生興趣，從而產生購買行為（見圖11.2）。

大多數保險公司並非僅採用單一的促銷策略，而是將推動策略和拉動策略進行組合，形成保險促銷組合。保險公司在確定促銷組合時需要考慮很多因素，主要有目標市場的特徵、保險商品的特徵、競爭對手的營銷策略等。

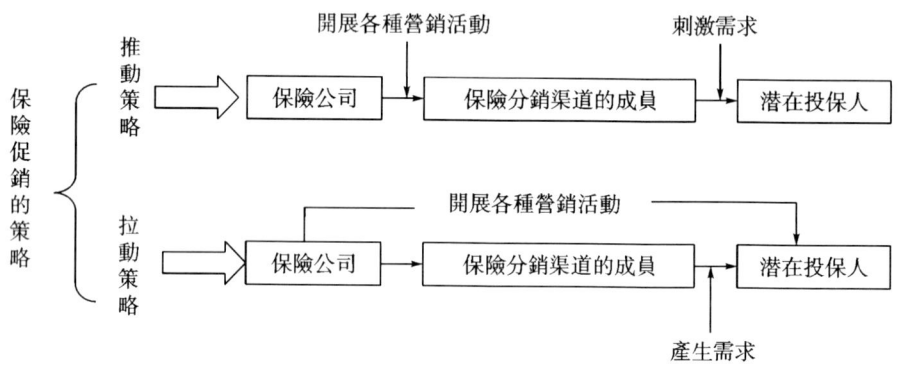

圖11.2　保險促銷的策略

四、各種促銷的運用

（一）保險人員促銷

人員促銷與其他非人員促銷的方式相比，具有信息獲得的直接性、信息反饋的迅捷性、人員促銷的親融性、保險服務的人性化的特點。隨著保險營銷活動的日益發展，人員促銷在保險營銷中的地位和作用日益重要，主要表現在以下幾個方面：

1. 尋求客戶

保險人員推銷的過程不僅是不斷滿足現有投保人需求的過程，更重要的是不斷尋找新的客戶來挖掘並滿足其需求的過程。尋求客戶是保險人員促銷的首要作用，「尋」就是要找到潛在投保人使其成為準保戶，「求」就是通過拜訪準保戶，以求成交，使其變為現實投保人。

2. 溝通信息

保險營銷人員是保險公司與投保人之間聯繫的重要紐帶。一方面，投保人從保險營銷員處獲得有關保險公司、保險產品的各種信息；另一方面，營銷人員將投保人的投保信息、對保險公司的意見、對售後服務的建議等信息反饋給保險公司，為保險公司的營銷決策提供依據。

3. 銷售保險商品

銷售保險商品是保險人員推銷的主要目的。在滿足投保人需求的前提下，保險營銷人員運用各種營銷策略和技巧，促成投保人簽訂投保單。

4. 提供服務

簽單並不是人員促銷活動的終結。人員促銷不僅與投保人達成簽單協議，而且還

要向投保人提供一系列的優質服務，如提供業務諮詢、催繳保費、代辦理賠、保單變更和保單遷移等售後服務。

5. 收集市場情報

保險營銷人員直接接觸市場，能夠收集到市場需求、競爭狀況、費率行情等市場動態，有利於保險公司制定營銷決策。

6. 樹立保險公司形象

從某種意義上說，保險營銷人員就是保險公司的形象代表。優秀的保險營銷員都十分注意在營銷過程中以豐富的專業知識、得體的言談舉止、良好的服務態度來樹立保險公司的公眾形象，從而有利於進一步擴大保險公司的知名度。

（二）保險廣告促銷

1. 廣告的定義

廣告是一種信息傳播活動。任何廣告的本質屬性都是通過一定的媒體，向社會大眾傳播一種信息。按現代傳播學的觀點，從保險公司營銷的角度來看，廣告應該具備以下五個基本要素：

（1）傳播者，即廣告主，主要指保險公司；
（2）受傳者，即廣告傳播的對象，如代理人、消費者、社會公眾等；
（3）傳播內容，即如險種、保險公司觀念、保險公司宗旨及方針政策等；
（4）傳播媒體，即廣告媒體，如報紙、雜誌、廣播、電視、網絡等；
（5）傳播目的，即主要是促進保險公司險種銷售，樹立保險公司形象等。

根據以上五方面的內容，我們可以對保險廣告作出如下定義：保險廣告是保險機構（廣告主）以付費的方式，通過特定的媒體，向傳播對象傳播保險商品和服務等信息，以期達到一定目的的一種信息傳播活動。保險廣告的主要作用如下：

（1）傳遞信息、溝通供求；
（2）引起注意、激發需求；
（3）指導消費、擴大銷售；
（4）樹立聲譽、利於競爭。

2. 保險廣告的主要媒體

廣告的傳播媒體是傳遞廣告信息的媒介物。適合保險廣告的媒體很多，主要有新聞媒體、戶外媒體、交通媒體、郵政媒體、文娛廣告媒體、贈品媒體、包裝媒體、社交媒體等（見圖11.3）。不同的廣告媒體傳遞信息的時間和範圍不同，其廣告的效果也各不相同。

3. 保險廣告媒體決策

選擇保險廣告媒體應考慮的因素主要有險種性質、保險公司對信息傳播的要求、目標消費者的習慣和特徵、媒體本身的影響、競爭對手的廣告策略、廣告預算。保險廣告媒體決策的主要策略如下：

（1）廣告設計策略。廣告設計策略是指在保險廣告創作中運用藝術手段和科學方法以達到廣告作品的最佳宣傳效果，不同性質、不同類別的廣告，將有不同的設計策略。例如，一貫性策略、競爭性策略、柔軟性策略。

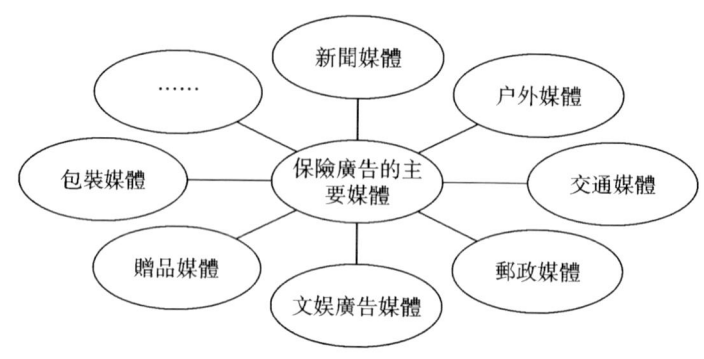

```
        新聞媒體
  ……            戶外媒體
包裝媒體  保險廣告的主  交通媒體
         要媒體
  贈品媒體        郵政媒體
       文娛廣告媒體
```

圖 11.3　保險廣告媒體的主要形式

（2）廣告商品策略。這類策略有險種生命週期策略和險種定位策略。廣告險種生命週期策略是根據險種所處的不同階段，採用不同的宣傳重點策略。廣告險種定位策略是保險公司取得理想市場份額的重要策略，重點突出險種的新價值，強調其與同類險種的不同特點，表明能給保險消費者帶來更多的實惠和利益。

（3）廣告媒體策略。廣告媒體策略是指在選擇廣告媒體之後，巧妙地運用媒體的手段和方法的總稱。

（4）廣告心理策略。廣告心理策略是指在保險廣告宣傳中，抓住保險消費者的心理需求，克服其反感情緒，從而達到預期的廣告效果。廣告心理策略常常包括廣告誘導心理策略、廣告迎合心理策略、廣告獵奇心理策略。

（三）保險公關促銷

1. 保險公關促銷的定義、作用和手段

公共關係並非僅是保險公司營銷的一部分。一方面，任何保險公司都有必要進行公共關係活動，保險公司並非只是營利性的組織；另一方面，保險公司經營活動的各個方面都需要公共關係，保險公共關係可以發揮多方面的作用與功能。當保險公司著眼於公共關係在保險銷售方面的作用時，保險公共關係就成了一種促銷的手段，與其他保險促銷手段並列。

保險公關指保險公司為刺激投保人的保險需求，樹立保險公司良好的保險公司形象，建立與公眾的良好關係而向公眾提供保險信息和交流的一系列活動，其主要功能如下：

（1）溝通信息；

（2）提高形象；

（3）爭取諒解；

（4）增進效益。

保險公關的主要手段有：製造和利用新聞、適時演說、利用特殊事件、發行出版物、贊助和支持社會公益事業、設計保險公司標示。

2. 保險公關促銷決策

（1）確定保險公關的營銷目標。提高保險公司的知名度，樹立良好的信譽，激勵

營銷隊伍和仲介人，降低促銷成本。

（2）選擇保險公關的信息與手段。保險公司在確定了公關的營銷目標後，還要篩選實現這一目標的有用信息和選擇合適的公關手段。

（3）實施公關方案。實施公關方案時，首先要取得新聞機構的支持，因為少了新聞媒體，保險公關的影響範圍和影響力度都會大打折扣；其次應獲得保險公司內部員工的支持，因為一次大型的公關活動需要大量的人力、物力，有了內部員工的支持，就會使公關活動得以順利開展。

（4）評估公關效果。由於公共關係作為促銷手段經常與其他促銷手段混合使用，因此很難衡量公關的直接效果。

第二部分　實驗設計

一、實驗基本情況

（一）實驗目的

通過實驗教學，讓學生瞭解保險促銷的種類，熟悉各種促銷的特點，能夠識別不同促銷策略，能根據相關條件進行簡單促銷策略決策。

（二）環境用具

電腦、保險實驗教學軟件、網絡連接、保險學術期刊、保險廣告集、保險公司新聞案例集。

（三）實驗學時

3學時。

（四）實驗形式

分組討論、案例分析、情景模擬。

（五）實驗重點

各種促銷手段的特點，保險廣告促銷決策。

二、實驗內容與教學組織

（一）瞭解保險促銷種類

（1）將學生分組，要求每個小組的學生查找3個以上保險促銷案例，將這些案例進行記錄。

（2）要求學生對照保險促銷分類圖，將本小組查找到的促銷案例進行歸類，並闡述歸類依據。

（二）保險促銷策略識別

（1）根據推動策略和拉動策略的差異，將上述案例進行歸類，並指出歸類依據。

（2）嘗試從決策者角度分析上述保險促銷案例中促銷策略決策的正確性。

（三）保險廣告促銷決策

（1）安排學生從實際保險市場中自選一個保險機構，代替該機構做任意保險廣告。

（2）明確本小組廣告的「五要素」。

（3）闡述本小組保險廣告促銷決策考慮的主要因素，闡述決策依據。

（四）保險公關促銷決策

（1）教師提供一組保險公關促銷案例，或者引導學生自行查找相關案例。
（2）指出該案例屬於保險公關促銷的哪種類型。
（3）評價該案例中保險機構決策的合理性。

【注意事項】

（1）教師要事先準備相關保險廣告、案例等，在適當時機發佈給學生參考。
（2）學生分析或評價案例時，要提示考察的主要指標。

【思考題】

（1）保險促銷的作用有哪些？
（2）不同種類的保險促銷有何特點？
（3）保險公司選擇促銷手段時要考慮哪些主要因素？

【參考文獻】

［1］張洪濤，時國慶．保險營銷管理［M］．北京：中國人民大學出版社，2005．
［2］肖曉春．精細化營銷［M］．北京：中國經濟出版社，2008．
［3］方有恒，郭頌平．保險營銷學［M］．上海：復旦大學出版社，2013．

第三部分　實驗報告

一、實驗報告總表

實驗報告總表如表11.1所示：

表11.1　　　　　　　　　　實驗報告總表

實驗編號及實驗名稱	實驗11　保險促銷			
分組編號		組長姓名		組長學號	
實驗地點		實驗日期		實驗時數	3學時
指導教師		同組其他成員		評定成績	

表11.1(續)

	實驗內容	教學形式	時間控制	注意事項
實驗內容及步驟	瞭解保險促銷種類	分組討論 案例分析	30 分鐘	查找 3 個以上案例，並將這些案例歸類
	保險促銷策略識別	分組討論 案例分析	25 分鐘	推動策略和拉動策略的差異
	保險廣告促銷決策	分組討論 情景模擬	35 分鐘	分析和理解「五要素」的含義 能夠選擇具體的保險公司，替其製作保險廣告方案。
	保險公關促銷決策	分組討論 案例分析	30 分鐘	自行查找保險公關促銷案例，分析其促銷決策正確與否
實驗總結				
教師評語				

二、實驗操作與記錄

（一）瞭解保險促銷種類

（1）本小組查找或採用的案例分別是（3 個以上案例，並對這些案例做簡要介紹，每個案例 150 字以內）。

案例 1（名稱）：＿＿＿＿＿＿＿＿＿＿＿＿＿＿＿＿＿＿＿＿＿＿＿＿＿＿
案例 1 簡介：＿＿＿＿＿＿＿＿＿＿＿＿＿＿＿＿＿＿＿＿＿＿＿＿＿＿＿＿

案例 2（名稱）：＿＿＿＿＿＿＿＿＿＿＿＿＿＿＿＿＿＿＿＿＿＿＿＿＿＿
案例 2 簡介：＿＿＿＿＿＿＿＿＿＿＿＿＿＿＿＿＿＿＿＿＿＿＿＿＿＿＿＿

案例 3（名稱）：
案例 3 簡介：

案例 4（名稱）：
案例 4 簡介：

（2）請將上述案例按照促銷種類歸類，並闡述歸類的依據，將歸類情況制成圖或表。

（二）保險促銷策略識別

（1）將上述案例按照保險促銷策略差異進行歸類（屬於推動策略還是拉動策略），並指出歸類依據。

（2）嘗試從決策者角度分析上述保險促銷案例中促銷策略決策的正確性。

(三) 保險廣告促銷決策

(1) 從實際保險市場中自選一個保險機構，代替該機構做任意保險廣告。

本小組保險廣告的「五要素」如下：

①傳播者：_____

②受傳者：_____

③傳播內容：_____
④傳播媒體：_____
⑤傳播目的：_____

(2) 闡述本小組保險廣告促銷決策考慮的主要因素，闡述決策依據。

(四)保險公關促銷決策

(1) 本小組查找到或者採用的案例如下：

案例名稱：_____

案例簡介：_____

_____

_____

_____

_____

(2) 請指出該案例屬於保險公關促銷的哪種類型。

_____

_____

_____

_____

(3) 評價該案例中保險機構決策的合理性。

_____

_____

_____

_____

_____

_____

_____

第 6 章　保險寫作

實驗 12　保險建議書寫作

第一部分　保險建議書寫作基礎知識

保險建議書（保險計劃書），是保險銷售人員在銷售過程中使用的，根據客戶風險狀況和保險需求制定的，便於客戶理解所推薦的保險產品或服務的一種圖文材料，是促銷的輔助工具，是具有特定的寫作格式和要求的一種保險專用文書。

一、保險建議書的內容

應用文各文種在結構、寫法上通常體現為某種程度的程式化、模式化。這些習慣性規範寫法是人們在長期的寫作實踐中逐漸探索、沉澱下來的，符合人們認識事物的規律，便於人們快捷、有效地瞭解文章的內容，同時也為人們寫作提供了一定的方便，有利於辦事的快捷、高效。保險建議書通常包括封面、重要保險專業名詞解釋、公司介紹、（業務員）個人介紹、正文、致謝等。其中，正文部分主要有客戶資料描述、客戶風險分析、保險需求評估、保險產品組合、保單利益演示、注意事項等（見圖 12.1 和圖 12.2）。

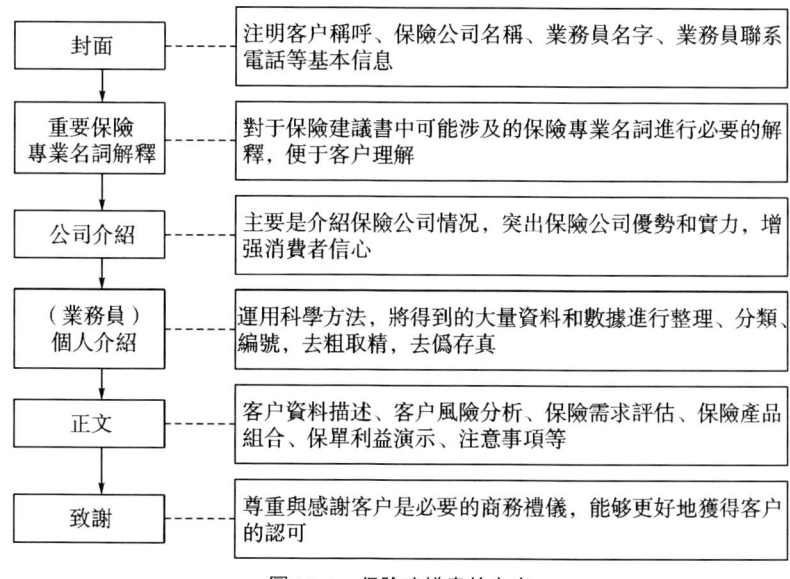

封面	注明客戶稱呼、保險公司名稱、業務員名字、業務員聯系電話等基本信息
重要保險專業名詞解釋	對于保險建議書中可能涉及的保險專業名詞進行必要的解釋，便于客戶理解
公司介紹	主要是介紹保險公司情況，突出保險公司優勢和實力，增強消費者信心
（業務員）個人介紹	運用科學方法，將得到的大量資料和數據進行整理、分類、編號，去粗取精，去偽存真
正文	客户資料描述、客戶風險分析、保險需求評估、保險產品組合、保單利益演示、注意事項等
致謝	尊重與感謝客戶是必要的商務禮儀，能夠更好地獲得客戶的認可

圖 12.1　保險建議書的內容

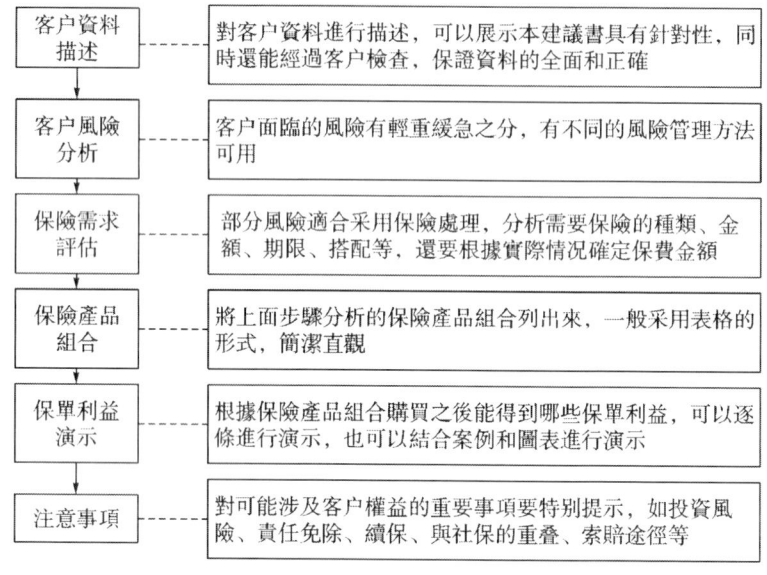

```
客戶資料描述 ---- 對客戶資料進行描述，可以展示本建議書具有針對性，同時還能經過客戶檢查，保證資料的全面和正確

客戶風險分析 ---- 客戶面臨的風險有輕重緩急之分，有不同的風險管理方法可用

保險需求評估 ---- 部分風險適合采用保險處理，分析需要保險的種類、金額、期限、搭配等，還要根據實際情況確定保費金額

保險產品組合 ---- 將上面步驟分析的保險產品組合列出來，一般采用表格的形式，簡潔直觀

保單利益演示 ---- 根據保險產品組合購買之後能得到哪些保單利益，可以逐條進行演示，也可以結合案例和圖表進行演示

注意事項 ---- 對可能涉及客戶權益的重要事項要特別提示，如投資風險、責任免除、續保、與社保的重疊、索賠途徑等
```

圖 12.2　保險建議書正文部分的內容

二、保險建議書寫作

（一）保險建議書寫作應該注意的問題

保險建議書寫作應注意以下問題：

（1）熟悉保險理論知識和本公司的險種條款內容；

（2）充分做好市場調研和市場細分，準確把握客戶的保險需求；

（3）掌握必要的營銷學知識和技巧，並靈活運用於計劃書的寫作之中；

（4）文風簡潔、語言恰當、形式美觀。

在實際展業過程中，保險機構業務人員一般都可以借助電腦軟件系統輔助保險建議書的製作，如「代理人展業系統」「營銷之星」等。借助電腦軟件，可以保證保險建議書的完整性、美觀性等，但是其科學性和合理性等則依賴保險業務人員個人的知識水平。

（二）保險建議書文本表現形式

1. 文本格式

文本格式必須講究章法，講究章法則講究組織條理。文本格式也應避免單調，為富於變化，建議書文本除了文字內容外，可適當穿插表格和圖示，使內容更簡潔、更條理化、更直觀，從而使文本更富表現力。例如，關於保障內容與保費計算部分就可使用綜合表格，而風險評估中有關建築物周圍環境信息可畫圖直觀表現，有關數據的變化也可用坐標趨勢圖來展示。

2. 文本類型

建議書可以分為複雜型和簡單型兩種類型。例如，企業財產險、大工程項目保險、行業統保、一攬子綜合保險等由於涉及標的繁雜，分析因素眾多，建議書需包含風

評估、防災減損、保險建議、自擔風險等內容，屬於複雜型風險管理建議書；一般分散性業務，如車險、家庭財產險、個體工商戶財產保險等只需獨立的保險建議書即可，屬於簡單型風險管理建議書。建議書也可以分為制式化與個性化兩種類型。制式化建議書指標準化建議書，往往由公司統一包裝印刷，對公司介紹及涉及項目板塊由公司統一設計；個性化建議書往往由銷售人員根據客戶需求制定針對性強、富於變化的建議書。此外，就保險建議書而言，還可分為險種組合建議書和單險種建議書。險種組合建議書包括不同主險的組合，也包含主險與附加險的組合；單險種建議書往往只涉及對獨立險種的保險建議。

第二部分　實驗設計

一、實驗基本情況

（一）實驗目的

通過實驗教學，讓學生能夠針對客戶的具體情況進行保險需求分析，能夠結合客戶的風險偏好、支付能力和保險產品的特點為客戶設計保險產品組合，能夠為客戶進行保單利益演示。通過分組討論、設計，讓學生能夠根據給定的客戶資料製作保險建議書。

（二）環境用具

電腦、保險實驗教學軟件、網絡連接、保險產品條款匯編手冊、保險費率手冊等。

（三）實驗學時

3 學時。

（四）實驗形式

分組討論、軟件操作。

（五）實驗重點

保險需求分析、保險產品組合。

二、實驗內容與教學組織

（一）保險需求分析

（1）分組討論保險需求測定的相關標準，能正確運用資產負債表等工具進行風險評估。

（2）通過討論使學生掌握確定保險金額的方法和評估客戶的保費支付能力的方法。

（3）引導學生對客戶未來可能的經濟變動進行預測，評估客戶未來特定時期內的保險需求，為保險計劃調整與二次營銷做準備。

（二）保險計劃制訂

（1）安排學生做好各保險產品的比較分析，熟悉各種保險產品的特點。

（2）根據客戶的保險需求以及客戶的風險偏好及支付能力等，科學合理地進行保險產品組合，為客戶量身定做保險計劃。

（三）保險建議書寫作

（1）將學生分組，將保險計劃制訂的步驟通過保險建議書的形式演示，其中包含

保險需求分析、支付能力分析、產品組合理由、保險計劃特點以及保單利益等。

（2）選取部分學生的保險建議書進行分析，加深對保險建議書寫作細節的掌握。

【注意事項】

（1）組織學生學習保險需求分析時要分析客戶的風險偏好。

（2）保險建議書的寫作一定要基於客戶利益考慮，與其他產品比較要有競爭力。

（3）要區分產險和壽險，建議以壽險為例。至於產險，往往涉及投標書寫作，將在實驗 13 中練習。

（4）如果沒有實驗軟件，可以登錄「慧擇網」的保費需求評估模塊演練。

【思考題】

（1）人生不同階段的保險需求有何特點？

（2）如何確定客戶所需要的保險金額及能負擔的保費？

（3）保險建議書應該包含哪些主要內容？

【參考文獻】

[1] 肖舉萍. 風險管理建議書及保險建議書的製作 [J]. 上海保險，2002（6）.

[2] 吳劍雲. 淺談保險建議書的寫作 [J]. 中國保險管理幹部學院學報，2002（3）.

[3] 楊愛榮. 淺談個人保險建議書的寫作 [J]. 應用寫作，2007（4）.

第三部分　實驗報告

一、實驗報告總表

實驗報告總表如表 12.1 所示：

表 12.1　　　　　　　　　　實驗報告總表

實驗編號及實驗名稱	實驗 12　保險建議書寫作			
分組編號		組長姓名		組長學號
實驗地點		實驗日期		實驗時數	3 學時
指導教師		同組其他成員		評定成績	

表12.1(續)

	實驗內容	教學形式	時間控制	注意事項
實驗內容及步驟	客戶風險評估	案例分析 分組討論	30分鐘	合理模擬客戶，具備全面的風險管理意識，能正確填寫和運用（家庭）資產負債表等工具
	保險需求分析	分組討論	30分鐘	確定保險金額及保險支付能力，並合理預測客戶經濟條件的變化
	保險產品組合	分組討論	20分鐘	根據所給客戶資料制訂保險組合計劃，為保險建議書的寫作做好準備
	保險建議書寫作	軟件操作	40分鐘	將所選擇的保險產品錄入實驗軟件，並運用軟件製作保險建議書
實驗總結				
教師評語				

二、實驗操作與記錄

　　（一）保險需求分析

　　（1）請將客戶資料描述如下：

_____
_____
_____
_____

　　（2）客戶風險分析如下：

面臨風險1：_____
處理方法：_____
_____

　　　面臨風險2：_____

處理方法：_____

面臨風險3：_____
處理方法：_____

面臨風險4：_____
處理方法：_____

面臨風險5：_____
處理方法：_____

面臨風險6：_____
處理方法：_____

面臨風險7：_____
處理方法：_____

面臨風險8：_____
處理方法：_____

(3) 保險需求分析如下（如果預留空格不夠，可以直接將結果寫在保險產品組合表格中）：

客戶：_____
保險需求1：_____
需求金額：_____
需求期限：_____
客戶：_____
保險需求2：_____
需求金額：_____
需求期限：_____
客戶：_____

保險需求 3：_____
需求金額：_____
需求期限：_____
客戶：_____
保險需求 4：_____
需求金額：_____
需求期限：_____
客戶：_____
保險需求 5：_____
需求金額：_____
需求期限：_____
客戶：_____
保險需求 6：_____
需求金額：_____
需求期限：_____
客戶：_____
保險需求 7：_____
需求金額：_____
需求期限：_____
客戶：_____
保險需求 8：_____
需求金額：_____
需求期限：_____

（二）保險計劃制訂（保險產品組合）

（1）客戶保費支付能力測算。

客戶保費支付能力總金額是（每年）：_____

上述金額確定依據是：_____

_____

_____

（2）保險產品組合（如果預留空格不夠，可以直接將結果寫在保險產品組合表格中）。

擬推薦給客戶_____的保險產品 1（名稱）：_____

滿足保險需求分析中的_____保險需求。保險期間是：_____

該推薦產品對應的保費（每年）是：_____

繳費期間是：_____

擬推薦給客戶_____的保險產品 2（名稱）：_____

滿足保險需求分析中的_____保險需求。保險期間是：_____

該推薦產品對應的保費（每年）是：＿＿＿＿＿＿＿＿＿＿＿＿＿＿＿＿＿＿＿＿
繳費期間是：＿＿＿＿＿＿＿＿＿＿＿＿＿＿＿＿＿＿＿＿＿＿＿＿＿＿＿＿＿＿
擬推薦給客戶＿＿＿＿＿＿＿的保險產品 3（名稱）：＿＿＿＿＿＿＿＿＿＿＿
滿足保險需求分析中的＿＿＿＿＿＿＿保險需求。保險期間是：＿＿＿＿＿＿
該推薦產品對應的保費（每年）是：＿＿＿＿＿＿＿＿＿＿＿＿＿＿＿＿＿＿＿＿
繳費期間是：＿＿＿＿＿＿＿＿＿＿＿＿＿＿＿＿＿＿＿＿＿＿＿＿＿＿＿＿＿＿
擬推薦給客戶＿＿＿＿＿＿＿的保險產品 4（名稱）：＿＿＿＿＿＿＿＿＿＿＿
滿足保險需求分析中的＿＿＿＿＿＿＿保險需求。保險期間是：＿＿＿＿＿＿
該推薦產品對應的保費（每年）是：＿＿＿＿＿＿＿＿＿＿＿＿＿＿＿＿＿＿＿＿
繳費期間是：＿＿＿＿＿＿＿＿＿＿＿＿＿＿＿＿＿＿＿＿＿＿＿＿＿＿＿＿＿＿
擬推薦給客戶＿＿＿＿＿＿＿的保險產品 5（名稱）：＿＿＿＿＿＿＿＿＿＿＿
滿足保險需求分析中的＿＿＿＿＿＿＿保險需求。保險期間是：＿＿＿＿＿＿
該推薦產品對應的保費（每年）是：＿＿＿＿＿＿＿＿＿＿＿＿＿＿＿＿＿＿＿＿
繳費期間是：＿＿＿＿＿＿＿＿＿＿＿＿＿＿＿＿＿＿＿＿＿＿＿＿＿＿＿＿＿＿
擬推薦給客戶＿＿＿＿＿＿＿的保險產品 6（名稱）：＿＿＿＿＿＿＿＿＿＿＿
滿足保險需求分析中的＿＿＿＿＿＿＿保險需求。保險期間是：＿＿＿＿＿＿
該推薦產品對應的保費（每年）是：＿＿＿＿＿＿＿＿＿＿＿＿＿＿＿＿＿＿＿＿
繳費期間是：＿＿＿＿＿＿＿＿＿＿＿＿＿＿＿＿＿＿＿＿＿＿＿＿＿＿＿＿＿＿
擬推薦給客戶＿＿＿＿＿＿＿的保險產品 7（名稱）：＿＿＿＿＿＿＿＿＿＿＿
滿足保險需求分析中的＿＿＿＿＿＿＿保險需求。保險期間是：＿＿＿＿＿＿
該推薦產品對應的保費（每年）是：＿＿＿＿＿＿＿＿＿＿＿＿＿＿＿＿＿＿＿＿
繳費期間是：＿＿＿＿＿＿＿＿＿＿＿＿＿＿＿＿＿＿＿＿＿＿＿＿＿＿＿＿＿＿
擬推薦給客戶＿＿＿＿＿＿＿的保險產品 8（名稱）：＿＿＿＿＿＿＿＿＿＿＿
滿足保險需求分析中的＿＿＿＿＿＿＿保險需求。保險期間是：＿＿＿＿＿＿
該推薦產品對應的保費（每年）是：＿＿＿＿＿＿＿＿＿＿＿＿＿＿＿＿＿＿＿＿
繳費期間是：＿＿＿＿＿＿＿＿＿＿＿＿＿＿＿＿＿＿＿＿＿＿＿＿＿＿＿＿＿＿

（3）請將上述保險產品組合繪製成表格。

(三) 保險建議書寫作（如果沒有電腦軟件系統也可以手工製作）

（1）對照保險建議書的主要內容，檢查本實驗中缺少的內容，如名詞解釋、保單利益演示、注意事項等，進行補充。

（1）本實驗中需要解釋的保險專業名詞主要如下（列舉出來即可，不需要解釋）：

（2）本實驗中保單利益（本計劃可以為客戶帶來哪些利益）演示示範如下：

（3）本實驗中保險建議書的注意事項如下：

（4）請將各項數據和資料輸入電腦系統，生成建議書（視條件完成）。

實驗 13　保險投標書寫作

第一部分　保險招投標基礎知識

　　保險投標書屬於廣義保險建議書的範疇，是在參與投標時才使用的一種建議書。保險投標書是投標人正式表達競標意願，提出競標條件與價格，闡述風險轉移效果，並向招標人和評委展示本公司經營狀況與承保能力的書面文件。中國的保險招投標活動，最早始於黨政機關的車輛險招標，後來不斷發展，現已擴展到企業財產險、工程險、責任險、行業統保、一攬子保險、企業年金保險和團體意外傷害保險等許多業務領域，並有不斷擴大之勢。隨著各單位成本效益觀念的增強，辦事透明度的提高，招投標機會的增多，保險投標書使用得越來越普遍。在財險公司或者壽險公司的團險部門，保險投標書的寫作是一項基本技能。

一、保險投標書的作用

　　（一）能體現公司的專業化形象，展示業務人員的業務水平

　　現在保險市場已由賣方市場向買方市場轉變，客戶的素質在提高，投保決策更趨於理性。特別是在招投標過程中，參加競標的保險公司眾多，競爭非常激烈，招標人和評委可以有多種選擇餘地。如能為客戶設計製作一份高水平的精美的投標書，就可以給招標人留下良好的第一印象，體現公司的專業化形象，展示業務人員的綜合素質。

　　我們從一份投標書裡面，至少可以反應出業務人員的以下幾種能力：對客戶資料的收集能力；對客戶需求的把握能力；對風險的評估與控制能力；對險種條款的理解與組合搭配能力；對承保條件與費率的解說能力；對文字材料的表達能力；對多媒體技術的應用能力；對保險產品的包裝能力。因此，投標書實際上是公司業務員綜合素質與能力的展示。

　　（二）能對所推銷的保險產品進行書面說明，對保險商品進行包裝，使無形商品有形化

　　投標書既是對公司經營狀況、服務水平和承保能力的展示，也是對所推銷的保險產品的險種、利益、責任範圍、價格等情況進行的一種書面說明。由於保險是種無形商品（以合同為載體），要用有形化的方法去推銷。一份精美的投標書能給招標人和評委帶來感官上的滿足，更直觀可見，也使保險條款通俗化，易被客戶接受，強化了購買慾望。

　　（三）能讓客戶比較保險商品，展示本公司獨特的競爭優勢

　　保險商品雖然不能馬上試用，但可以通過保險投標書進行比較。在實際招投標活動中，招標單位一般會提供招標書範本，所有應標企業都必須按照標書的格式和內容等要求填寫，具有鮮明的可比較性。

二、保險投標書的完整結構

　　投標書作為參加業務競標的一種必備的書面文件，必須全面反應公司的基本經營

狀況、承保技術能力與經驗、承保價格與條件、履約能力與服務水平。

投標書是對招標書的一種回應與解答，其內容必須與招標書的內容相對應，語句必須通暢，結構要求盡量完整。因此，參與投標的公司業務人員應在理解和吃透招標文件，對擬承保的風險標的進行了認真的現場查勘和風險評估的基礎上，根據招標書的具體要求來設計製作。投標書內容包括以下方面（以企業財產險為例）：

（一）封面

封面應包括司徽、公司名稱、建議書名稱、時間。

（二）致函信

致函信主要是向投保的公司表示問候，並表達願提供風險保障服務的意願。

（三）公司法定代表人的授權（或轉授權）委託書

隨著社會公眾法律意識的增強，業務人員參加投標的業務活動必須得到本公司法定代表人的授權。

（四）公司經營保險業務許可證、工商營業執照的複印件

這主要是為了提供資格證明，取得參加競標業務的合法性。

（五）公司簡介

公司簡介主要反應公司的基本經營狀況與業務能力。

（六）公司的承保優勢

每個公司都有自己獨特的競爭優勢，應充分如實地展示出來，如資本實力、信譽、品牌、人才、技術、機構網絡、承保同類企業或項目的經歷與經驗、參與同類項目的理賠經驗、完善的分保機制、優惠條件等。

（七）防範風險能力介紹

防範風險能力介紹的內容包括公司實際償付能力、資本金、準備金構成情況、再保險支持、財務狀況或附財務報表。

（八）服務承諾

保險業的競爭，更多地體現在優質的服務上面，必須提出明確的、具有可操作性的服務措施，如上門辦理投保、24小時電話專線服務、及時有效的現場服務、定時拜訪檢查、防災防損服務、保險專業培訓、外出參觀考察、及時查勘、索賠程序與理賠時限、異地代查勘理賠、事故分析檢測、緊急救險、先行墊付賠款等。

（九）投保方案（或保險建議）

應根據客戶面臨的風險情況和招標書的要求，建議其應投保哪些險種及組合，有時可提供幾種方案供客戶選擇。

（十）費率介紹及報價（有的要寫「報價說明」）

這是一個關鍵性的技術問題，應科學合理。

（十一）保險服務人員（或工作組成員）的名單、工作簡歷與承保經驗、通信錄

保險服務人員（或工作組成員）的名單、工作簡歷與承保經驗、通信錄是必備要件。

（十二）附件

附件主要包括以下內容：

（1）投保的各險種條款及費率（包括一些擴展條款）；
（2）風險評估報告（少數客戶要求提供）；
（3）招標書問卷解答（有的招標書中有此要求）；
（4）理算人簡介；
（5）理賠單證（如出險通知書損失清單、權益轉讓書等）。

（十三）封底

封底包括公司地址、聯繫電話、傳真號碼、郵編。

三、保險投標書寫作要點

（一）突出實質和要點，處理好枝蔓關系

我們先來看一份結構和行文上較好的保險投標書。

標題：××市自來水公司機動車輛保險投標書。開篇第一頁，服務承諾書（致函的性質，首先向招標人致謝，之後表示重視態度、競標的決心。其次是全書內容概述，相當於目錄。最後是聲明投標書內容真實、合法等）。

正文第一部分，公司簡介。其主要作用是介紹投標人的資質和業績等情況。第二部分，服務人員及營業網點。介紹針對這次招標項目成立的專門機構和人員分工。第三部分，承保服務方案。從風險評估到險種推介，再到價格標準等為這次招標項目量身定做的方案。第四部分，理賠服務方案。介紹投標人為機動車輛保險建立的一套快速、準確、合理的理賠機制。第五部分，特色服務方案。除以上保險服務項目外，投標人可以提供的其他優惠措施、條件。第六部分，結束語。列舉投標人以前競標成功的典型例子，表達希望這次能夠成功的摯誠。正文部分之後再附上營業執照、險種條款等相關附件。為了方便閱讀、提請注意，正文每一部分前面都先用簡明、醒目的文字把該部分的精要歸納、提示出來。

毫無疑問，這份保險投標書的表達效果是較好的。首先，可以看出投標人高度重視這次招標，認真做了一番專門的研究、設計。其次，在總體上做了精心的設計、佈局，給人緊扣實質、主次分明、佈局緊湊的感覺。對於增加招標中的競爭力，應該具有加分效果。

（二）適當追求語言的文採，增強感染力

保險投標書的語言風格應該以平實、嚴謹為主體風格，但並不意味不注重文採。現實中一些保險投標書語言刻板、單調、千文一面，文筆缺少靈氣、生動，讀之味同嚼蠟。因此，適當追求文採，增強語言的感染力，還是很有必要的。當然，涉及實質性、技術性問題之處，應注意客觀、準確、真實、科學，不能華而不實、天花亂墜。但涉及介紹投標人的經營理念、企業文化、與招標人聯絡感情等方面，不妨寫出文採。例如，適當穿插精心提煉的廣告用語、服務用語，適當採用排比、比喻、對仗等修辭手法。

（三）不能「醜話」在前，先從心理上拒人千里之外

保險經營涉及保險人和被保險人之間複雜的權利義務關系，保險投標書由於其要約性、技術性等法律特點，對招標人進行重要的保險告知還是必要的。問題是這些內

容該放在什麼位置。如果在卷首語部分就先告知被保險人（招標人）注意這樣、注意那樣，「醜話」在前，先小人後君子，試想招標人開始就被一盆冷水澆頭，讀了會做何感想呢？這說明撰寫者一是沒有擺正自己的位置，二是缺乏必要的談判和勸服技巧。一些對招標人的重要告知、要求，結構上應置後。在承保方案、服務質量等能打動、勸服招標人的前提下，再婉言提出一些對招標人的告知要求，這樣才妥當。

第二部分　實驗設計

一、實驗基本情況

　　（一）實驗目的

　　通過實驗教學，讓學生瞭解保險公司投標文件的架構和主要內容，瞭解投標文件製作的方法和技巧，瞭解招投標的基礎知識，瞭解投標文件中各部分的寫作，瞭解必要的文字風格及排版技巧。

　　（二）環境用具

　　電腦、保險實驗教學軟件、Word 等辦公軟件、掃描儀（高仿真實驗時需要）。

　　（三）實驗學時

　　3 學時。

　　（四）實驗形式

　　案例分析、分組討論。

　　（五）實驗重點

　　保險投標書的主要架構與主要內容。

二、實驗內容與教學組織

　　（一）招標書研讀

　　（1）上網搜索招標書或者投標書。

　　（2）仔細研讀招標書或者投標書的內容，瞭解投標書的主要架構和內容。

　　（二）投標書解構和分析

　　（1）請學生將所看到的投標書進行解構，繪製投標書結構圖。

　　（2）請學生逐項指出哪些項目是證明材料等，哪些項目需要針對保險標的進行描述，讓學生瞭解材料的來源與寫作的基本要求。

　　（三）投標書模擬寫作

　　（1）請學生以上述投標書為例，模擬重新製作一份投標書，但是要更換一家保險公司。

　　（2）從這家新的保險公司角度出發，考慮需要準備的資料如何獲取，思考如何撰寫需要寫作的部分。

　　（3）具備條件時，可以將製作一份完整的保險投標書作為課外作業。

【注意事項】

　　（1）教師可以事先準備投標書案例電子版，當學生上網搜索不到案例時提供給學

生參考，保障實驗的順利進行。

（2）公司資質證明文件一定要齊全，否則很容易形成廢標。

（3）提醒學生注意保密，對案例中涉及的公司、人名、資質證書、證明文件等注意保密。

【思考題】

（1）保險經紀公司的投標書製作與保險公司的投標書製作是否一樣。

（2）投標書製作需要在公司內部哪些部門之間進行協調？

【參考文獻】

［1］彭躍發. 如何設計精美的保險投標書 ［J］. 上海保險，2004（7）.

［2］吳劍雲. 保險投標書寫法研究 ［J］. 上海保險，2005（5）.

第三部分　實驗報告

一、實驗報告總表

實驗報告總表如表 13.1 所示：

表 13.1　　　　　　　　　　實驗報告總表

實驗編號及實驗名稱	實驗 13　保險投標書寫作				
分組編號		組長姓名		組長學號	
實驗地點		實驗日期		實驗時數	3 學時
指導教師		同組其他成員		評定成績	
實驗內容及步驟	實驗內容	教學形式	時間控制	注意事項	
	招標書研讀	分組討論	40 分鐘	自行搜索招標書或投標書，瞭解投標書的主要架構和內容	
	投標書解構和分析	分組討論，案例分析	40 分鐘	繪製投標書結構圖，區分證明材料和寫作材料	
	投標書模擬寫作	分組討論	40 分鐘	更換的保險公司必須是真實的，不可虛擬；本步驟實驗重點在於瞭解材料的來源與寫作的基本要求	

表13.1(續)

實驗總結	
教師評語	

二、實驗操作與記錄

（一）招標書（投標書）研讀

（1）上網搜索招標書或者投標書。

本小組研讀的案例（投標書）是：＿＿＿＿＿＿＿＿＿＿＿＿＿＿＿＿＿＿＿

＿＿＿＿＿＿＿＿＿＿＿＿＿＿＿＿＿＿＿＿＿＿＿＿＿＿＿＿＿＿＿＿＿＿＿＿＿

＿＿＿＿＿＿＿＿＿＿＿＿＿＿＿＿＿＿＿＿＿＿＿＿＿＿＿＿＿＿＿＿＿＿＿＿＿

（2）仔細研讀招標書（或者投標書）內容，瞭解投標書的主要架構和內容。

本小組研讀的投標書字數為：＿＿＿＿＿＿　頁數為：＿＿＿＿＿＿＿＿＿

（二）投標書解構和分析

（1）本小組所研究的投標書的結構圖如下：

（2）請逐項指出哪些項目是證明材料等，哪些項目需要針對保險標的進行描述。

(三) 投標書模擬寫作
（1）本小組更換一家保險公司，原公司是：＿＿＿＿＿＿＿＿＿＿＿＿＿＿＿＿
新公司是：＿＿＿＿＿＿＿＿＿＿＿＿＿＿＿＿
（2）從這家新的保險公司角度出發解決以下問題：
①需要準備的資質、證明類資料如何獲取。
材料名稱：＿＿＿＿＿＿＿＿＿＿　獲取方法：＿＿＿＿＿＿＿＿＿＿
材料名稱：＿＿＿＿＿＿＿＿＿＿　獲取方法：＿＿＿＿＿＿＿＿＿＿
材料名稱：＿＿＿＿＿＿＿＿＿＿　獲取方法：＿＿＿＿＿＿＿＿＿＿

材料名稱：＿＿＿＿＿＿＿＿＿＿　　獲取方法：＿＿＿＿＿＿＿＿＿＿＿＿＿＿＿＿
材料名稱：＿＿＿＿＿＿＿＿＿＿　　獲取方法：＿＿＿＿＿＿＿＿＿＿＿＿＿＿＿＿
材料名稱：＿＿＿＿＿＿＿＿＿＿　　獲取方法：＿＿＿＿＿＿＿＿＿＿＿＿＿＿＿＿
材料名稱：＿＿＿＿＿＿＿＿＿＿　　獲取方法：＿＿＿＿＿＿＿＿＿＿＿＿＿＿＿＿
材料名稱：＿＿＿＿＿＿＿＿＿＿　　獲取方法：＿＿＿＿＿＿＿＿＿＿＿＿＿＿＿＿
材料名稱：＿＿＿＿＿＿＿＿＿＿　　獲取方法：＿＿＿＿＿＿＿＿＿＿＿＿＿＿＿＿
材料名稱：＿＿＿＿＿＿＿＿＿＿　　獲取方法：＿＿＿＿＿＿＿＿＿＿＿＿＿＿＿＿
材料名稱：＿＿＿＿＿＿＿＿＿＿　　獲取方法：＿＿＿＿＿＿＿＿＿＿＿＿＿＿＿＿
材料名稱：＿＿＿＿＿＿＿＿＿＿　　獲取方法：＿＿＿＿＿＿＿＿＿＿＿＿＿＿＿＿
材料名稱：＿＿＿＿＿＿＿＿＿＿　　獲取方法：＿＿＿＿＿＿＿＿＿＿＿＿＿＿＿＿
材料名稱：＿＿＿＿＿＿＿＿＿＿　　獲取方法：＿＿＿＿＿＿＿＿＿＿＿＿＿＿＿＿
材料名稱：＿＿＿＿＿＿＿＿＿＿　　獲取方法：＿＿＿＿＿＿＿＿＿＿＿＿＿＿＿＿
材料名稱：＿＿＿＿＿＿＿＿＿＿　　獲取方法：＿＿＿＿＿＿＿＿＿＿＿＿＿＿＿＿
材料名稱：＿＿＿＿＿＿＿＿＿＿　　獲取方法：＿＿＿＿＿＿＿＿＿＿＿＿＿＿＿＿
材料名稱：＿＿＿＿＿＿＿＿＿＿　　獲取方法：＿＿＿＿＿＿＿＿＿＿＿＿＿＿＿＿
材料名稱：＿＿＿＿＿＿＿＿＿＿　　獲取方法：＿＿＿＿＿＿＿＿＿＿＿＿＿＿＿＿
材料名稱：＿＿＿＿＿＿＿＿＿＿　　獲取方法：＿＿＿＿＿＿＿＿＿＿＿＿＿＿＿＿
材料名稱：＿＿＿＿＿＿＿＿＿＿　　獲取方法：＿＿＿＿＿＿＿＿＿＿＿＿＿＿＿＿
材料名稱：＿＿＿＿＿＿＿＿＿＿　　獲取方法：＿＿＿＿＿＿＿＿＿＿＿＿＿＿＿＿
材料名稱：＿＿＿＿＿＿＿＿＿＿　　獲取方法：＿＿＿＿＿＿＿＿＿＿＿＿＿＿＿＿

②需要撰寫的材料部分，本小組打算突出公司的哪些優勢。
需要寫作部分名稱：＿＿＿＿＿＿＿＿＿＿＿＿＿＿＿＿＿＿＿＿＿＿＿＿＿＿＿＿＿＿＿＿＿＿＿＿＿＿
本公司的優勢：＿＿＿＿＿＿＿＿＿＿＿＿＿＿＿＿＿＿＿＿＿＿＿＿＿＿＿＿＿＿＿＿＿＿＿＿＿＿＿

需要寫作部分名稱：＿＿＿＿＿＿＿＿＿＿＿＿＿＿＿＿＿＿＿＿＿＿＿＿＿＿＿＿＿＿＿＿＿＿＿＿＿＿
本公司的優勢：＿＿＿＿＿＿＿＿＿＿＿＿＿＿＿＿＿＿＿＿＿＿＿＿＿＿＿＿＿＿＿＿＿＿＿＿＿＿＿

需要寫作部分名稱：＿＿＿＿＿＿＿＿＿＿＿＿＿＿＿＿＿＿＿＿＿＿＿＿＿＿＿＿＿＿＿＿＿＿＿＿＿＿
本公司的優勢：＿＿＿＿＿＿＿＿＿＿＿＿＿＿＿＿＿＿＿＿＿＿＿＿＿＿＿＿＿＿＿＿＿＿＿＿＿＿＿

需要寫作部分名稱：＿＿＿＿＿＿＿＿＿＿＿＿＿＿＿＿＿＿＿＿＿＿＿＿＿＿＿＿＿＿＿＿＿＿＿＿＿＿
本公司的優勢：＿＿＿＿＿＿＿＿＿＿＿＿＿＿＿＿＿＿＿＿＿＿＿＿＿＿＿＿＿＿＿＿＿＿＿＿＿＿＿

需要寫作部分名稱：＿＿＿＿＿＿＿＿＿＿＿＿＿＿＿＿＿＿＿＿＿＿＿＿＿＿＿＿＿＿＿＿＿＿＿＿＿＿
本公司的優勢：＿＿＿＿＿＿＿＿＿＿＿＿＿＿＿＿＿＿＿＿＿＿＿＿＿＿＿＿＿＿＿＿＿＿＿＿＿＿＿

需要寫作部分名稱：＿＿＿＿＿＿＿＿＿＿＿＿＿＿＿＿＿＿＿＿＿＿＿＿＿＿＿＿＿＿＿＿＿＿＿＿＿＿

本公司的優勢：_____

需要寫作部分名稱：_____
本公司的優勢：_____

需要寫作部分名稱：_____
本公司的優勢：_____

需要寫作部分名稱：_____
本公司的優勢：_____

需要寫作部分名稱：_____
本公司的優勢：_____

需要寫作部分名稱：_____
本公司的優勢：_____

需要寫作部分名稱：_____
本公司的優勢：_____

需要寫作部分名稱：_____
本公司的優勢：_____

需要寫作部分名稱：_____
本公司的優勢：_____

需要寫作部分名稱：_____
本公司的優勢：_____

需要寫作部分名稱：_____
本公司的優勢：_____

3. 請嘗試在課外時間製作一份完整的保險投標書。

第 7 章　保險客戶關系管理與服務

實驗 14　保險客戶關系管理與服務

第一部分　保險客戶關系管理與服務基礎知識

一、客戶關系管理

（一）客戶關系管理的定義

客戶關系管理（Customer Relationship Management，CRM，下同）的定義是：企業利用相應的信息技術來協調企業與顧客間在銷售、營銷和服務上的交互，從而提升企業的管理方式，向客戶提供創新式的、個性化的客戶交互和服務的過程。客戶關系管理的最終目標是吸引新客戶、保留老客戶以及將已有客戶轉為忠實客戶。保險公司（營銷員）將 CRM 理論用於對保險（準）客戶的管理，可以為保險營銷工作提升效率。

客戶關系管理的工具一般為 CRM 軟件。從軟件關注的重點來看，CRM 軟件分為操作型和分析型兩大類，當然也有兩者並重的。操作型更加關注業務流程、信息記錄，提供便捷的操作和人性化的界面；分析型往往基於大量的企業日常數據，對數據進行挖掘分析，找出客戶、產品、服務的特徵，從而修正企業的產品策略、市場策略。

（二）客戶關系管理的功能

客戶關系管理的功能主要有市場營銷中的客戶關系管理、銷售過程中的客戶關系管理、客戶服務過程中的客戶關系管理。

1. 市場營銷中的客戶關系管理

客戶關系管理系統在市場營銷過程中可以有效地幫助市場人員分析現有的目標客戶群體，如主要客戶群體集中在哪個行業、哪個職業、哪個年齡層次、哪個地域等，從而幫助市場人員進行精確的市場投放。客戶關系管理能有效分析每一次市場活動的投入產出比，根據與市場活動相關聯的回款記錄及舉行市場活動的報銷單據進行計算，可以統計出所有市場活動的效果報表。

2. 銷售過程中的客戶關系管理

銷售是客戶關系管理系統中的主要組成部分，主要包括潛在客戶、客戶、聯繫人、業務機會、訂單、回款單、報表統計圖等模塊。業務員通過記錄溝通內容、建立日程安排、查詢預約提醒、快速瀏覽客戶數據，可以有效縮短工作時間。大額業務提醒、銷售漏鬥分析、業績指標統計、業務階段劃分等功能又可以有效幫助管理人員提高整個公司的成單率，縮短銷售週期，從而實現最大效益的業務增長。

3. 客戶服務過程中的客戶關係管理

客戶服務主要是用於快速及時地獲得問題客戶的信息、客戶歷史問題記錄等，這樣可以有針對性並且高效地為客戶解決問題，提高客戶的滿意度，提升企業形象。客戶關係管理系統主要功能包括客戶反饋、解決方案、滿意度調查等功能。應用客戶反饋中的自動升級功能，可讓管理者第一時間得到超期未解決的客戶請求，解決方案功能使全公司所有員工都可以立刻提交給客戶最為滿意的答案，滿意度調查功能又可以使最高層的管理者隨時獲知本公司客戶服務的真實水平。有些客戶關係管理軟件還會集成呼叫中心系統，這樣可以縮短客戶服務人員的回應時間，對提高客戶服務水平也起到了很好的作用。

市面上很多的客戶關係管理軟件都會有很多其他功能，如辦公管理、行政管理、進銷存等，但是這些系統只是為使用者更加方便而產生的，其實與真正的客戶關係管理沒有任何的關系。

（三）保險營銷員個人的客戶關係管理

客戶管理是營銷員對客戶資源進行分類和整理後，通過不同類別的專業化工作流程，對客戶進行精細化經營，最終達到成交、獲取轉介紹等目標的過程。保險營銷員客戶管理的最高境界就是既能成功開拓市場，又能實現維護市場，最終樹立個人品牌、提升公司形象（見圖14.1）。

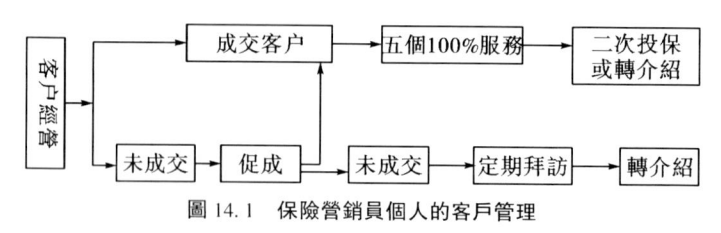

圖14.1 保險營銷員個人的客戶管理

保險營銷員應該將客戶資料（包括客戶姓名、出生年月、配偶姓名及年齡、兒女年齡、工作類型、職業、收入、家庭地址、教育背景、職位、對保險的認識、性格特點、曾經投保情況）及時錄入CRM軟件中，或者按照具體情況進行記錄。此外，保險營銷員應該將展業過程（包括預定拜方時間、地點、拜訪次數、內容、拜訪後的印象、客戶需求情況、成交的可能、促成方法、不能成交的原因、補充說明等）也一併進行記錄，方便隨時查看，及時跟進。

保險營銷員日常的客戶管理還包括保單保全。典型的保全作業包括投保人資料變更、更換投保人、受益人變更、保額變更、被保險人職業變更、年齡性別變更、續期交費方式變更、補發保單、附加險加保、減少保額或退保、保單遷移、滿期或生存保險金給付、保單復效、部分領取及保險單借款等。不同的保單保全項目所需要的材料不盡相同，手續要求也有差異，保險營銷員要做好協助工作，提高客戶管理效果和滿意度。

二、保險客戶服務

（一）保險客戶服務的定義與作用

1. 定義

保險客戶服務是指保險人（保險營銷員）在與現有客戶及潛在客戶接觸的階段，通過暢通有效的服務渠道，為客戶提供產品信息、品質保證、合同義務履行、客戶保全、糾紛處理等項目的服務及基於客戶的特殊要求和對客戶的特別關注而提供的附加服務內容，包括售前、售中和售後服務。

售前服務是為潛在的消費者提供各種有關保險行業、保險產品的信息、資訊及諮詢，免費舉辦講座，協助客戶進行風險規劃、為客戶量身設計保險等服務。售中服務，即保險買賣過程中為客戶提供的服務，包括協助投保人填投保單、保險條款的準確解釋、帶客戶體檢、送達保單、為客戶辦理自動交費手續等。售後服務，即客戶簽單後為客戶提供的一系列服務，包括免費諮詢熱線、客戶回訪、生存金給付、保險賠付、投訴處理、保全辦理等。

2. 作用

保險表面上買賣的是一紙合同，其實質交易的卻是一種服務。保險人與被保險人之間的主要關係就是服務與被服務的關係。服務貫穿於整個保險活動中，是保險的生命。服務質量的好壞、服務水平的高低決定著保險公司的興衰存亡。

優質的服務有利於增加客戶對保險的瞭解和認識，縮短保險公司與客戶的距離，增強客戶的信賴感，提高客戶的忠誠度，樹立保險公司的良好企業形象，提高公司的市場競爭力。同時，好的客戶服務使保險公司更好地瞭解客戶需求，滿足客戶需要，從而提高保險公司續保率、增加新保單，降低公司經營成本，為保險公司帶來銷售，創造利潤。因此，優質的服務是一種雙贏策略，即顧客滿意、企業獲利。相反，低劣的服務將嚴重損害保險公司的形象，流失原有客戶群，導致保戶退保、斷交保費、拒絕續保以及失去客戶源等一系列不良後果。

（二）保險公司客戶服務的部門設置與服務內容

1. 部門設置

保險公司的客戶服務部門一般包括新單業務崗、保全服務崗、理賠崗、單證管理崗、收付費崗、投訴諮詢回訪督察崗。新單業務崗主要負責處理新單受理、承保的全過程，包括業務員交單、接單初審、新單受理、投保資料錄入、交接、歸檔、核保等業務。保全服務崗主要提供保險合同期間，為維持合同持續有效的一系列服務，包括客戶資料變更、合同內容變更、生存領取、合同解除、續期收費、合同復效、合同掛失補發等業務。理賠崗負責賠案過程的所有業務，包括結案受理、調查取證、復核審批、理賠處理等業務。單證管理崗主要負責業務單證的印刷、入庫、申請領用、發放、調撥、核銷、銷毀和結算等。收付費崗負責保險費、保險金等業務收付的行為。投訴諮詢回訪督察崗負責處理客戶的投訴，回復客戶關於保險行業情況、保險市場情況、保險公司情況、現有保險產品及保險條款內容等方面的諮詢，對客戶進行新單回訪、代辦回訪、失效回訪、永久失效回訪、給付回訪等回訪工作，並對業務員進行監督，

處理業務員的離司工作。客戶服務部的主管管理並負責該部門的所有工作，另外也直接處理客戶的投訴、糾紛及對業務員的督察工作。

2. 服務內容

（1）提供諮詢服務。顧客在購買保險之前需要瞭解有關的保險信息，如保險行業的情況、保險市場的情況、保險公司的情況、現有保險產品、保單條款內容等。保險人可以通過各種渠道將有關的保險信息傳遞給消費者，而且要求信息的傳遞準確、到位。在諮詢服務中，保險銷售人員充當著非常重要的角色，當顧客有購買保險的願望時，一定要提醒顧客閱讀保險條款，同時要對保險合同的條款、術語等向顧客進行明確的說明。尤其是對責任免除、投保人、被保險人義務條款的含義、適用情況及將會產生的法律後果，特別要進行明確的解釋與說明。

（2）風險規劃與管理服務。首先，幫助顧客識別風險，包括家庭風險的識別和企業風險的識別。其次，在風險識別的基礎上，幫助顧客選擇風險防範措施，既要幫助他們做好家庭或企業的財務規劃，又要幫助他們進行風險的防範。特別是對於保險標的金額較大或承保風險較為特殊的大中型標的，應向投保人提供保險建議書。保險建議書要為顧客提供超值的風險評估服務，並從顧客利益出發，設計專業化的風險防範與化解方案，方案要充分考慮市場因素和投保人可以接受的限度。

（3）接報案、查勘與定損服務。保險公司堅持「主動、迅速、準確、合理」的原則，嚴格按照崗位職責和業務操作實務流程的規定，做好接客戶報案、派員查勘、定損等各項工作，全力協助客戶盡快恢復正常的生產經營和生活秩序。在定損過程中，要堅持協商的原則，與客戶進行充分的協商，盡量取得共識，達成一致的意見。

（4）核賠服務。核賠人員要全力支持查勘定損人員的工作，在規定的時間內完成核賠。核賠崗位和人員要對核賠結果是否符合保險條款及國家法律法規的規定負責。核賠部門在與查勘定損部門意見有分歧時，應共同協商解決，賠款額度確定後要及時通知客戶。如發生爭議，應告知客戶解決爭議的方法和途徑。對拒賠的案件，經批覆後要向客戶合理解釋拒賠的原因，並發出正式的書面通知，同時要告知客戶維護自身利益的方法和途徑。

（5）客戶投訴處理服務。保險公司各級機構應高度重視客戶的抱怨、投訴。通過對客戶投訴的處理，應注意發現合同條款和配套服務上的不足，提出改進服務的方案和具體措施，並切實加以貫徹執行。

（三）保險營銷員個人的客戶服務

上述內容主要是指保險公司層面的客戶服務，對於保險營銷員來講，熟悉上述內容非常必要。此外，保險營銷員個人的客戶服務內容略有差異，服務目標與重點也略有不同。在本書前面章節中已經介紹了保險營銷員職業禮儀、職業道德、展業流程、保險寫作等內容，大都屬於保險營銷員個人客戶服務內容，在此不再重複。

第二部分　實驗設計

一、實驗基本情況

（一）實驗目的

通過實驗教學，讓學生瞭解個人客戶管理及保險公司客戶管理的方法和技巧，瞭解客戶管理軟件，熟悉保險客戶服務的內容和要求。

（二）環境用具

電腦、互聯網、CRM 軟件、保險實驗教學軟件、保險公司投保單、變更通知書等單證（電子版）。

（三）實驗學時

3 學時。

（四）實驗形式

軟件操作、情景模擬。

（五）實驗重點

瞭解 CRM 軟件的基本運用，熟悉保險客戶服務的基本內容。

二、實驗內容與教學組織

（一）熟悉 CRM 軟件

（1）根據教學環境，準備 CRM 軟件，讓學生瞭解 CRM 軟件的基本結構與功能。

（2）在無 CRM 軟件條件下，教師可以提前製作 CRM 軟件介紹電子課件（PPT，下同），進行適當講解。

（二）保險營銷員客戶管理模擬

（1）引導學生假設保險營銷員工作情景，尤其是客戶分類與篩選等環節，方便後續精細化營銷活動的開展。

（2）給客戶分類之後，對不同客戶的特點等進行描述，並繪製本小組的客戶分類管理表格或圖形。

（3）選定其中某位客戶，描述本小組的後續工作方案。

（三）保險客戶服務的基本內容

（1）上網查找各保險公司的服務部門設置、服務內容或承諾等內容。

（2）查閱不同服務所需資料或流程等。

（3）小組自擬某項服務場景，按照保險服務的要求模擬實驗。

【注意事項】

（1）保險實驗室一般沒有專門配備 CRM 軟件，需要提前與其他實驗室溝通，獲取帳號密碼等。或者上網搜索免費試用軟件，但是注意免費軟件的局限性。

（2）在無 CRM 軟件的條件下，可以製作 CRM 軟件介紹 PPT，其他實驗環節要隨之靈活設置。

（3）教師可以提前準備部分保險公司網址、單證等資源，在學生搜索結果不理想

時提供協助，保證實驗順利完成。

【思考題】

(1) CRM 系統有哪些作用？
(2) 保險營銷員一般應該記錄哪些客戶資料？
(3) 保險客戶服務有哪些作用？
(4) 保險公司客戶服務有哪些部門？
(5) 保險營銷員可以提供哪些服務？

【參考文獻】

[1] 章金萍，李兵. 保險營銷實務［M］. 北京：中國金融出版社，2012.
[2] 孫郡鍇. 做最好的保險推銷員［M］. 北京：中國華僑出版社，2009.
[3] 尹文莉. 保險營銷技巧［M］. 北京：清華大學出版社，2009.

第三部分　實驗報告

一、實驗報告總表

實驗報告總表如表 14.1 所示：

表 14.1　　　　　　　　　　實驗報告總表

實驗編號及實驗名稱	實驗 14　保險客戶關係管理與服務			
分組編號		組長姓名		組長學號
實驗地點		實驗日期		實驗時數　3 學時
指導教師		同組其他成員		評定成績

實驗內容及步驟	實驗內容	教學形式	時間控制	注意事項
	熟悉 CRM 軟件	軟件操作 分組討論	30 分鐘	使用 CRM 軟件，熟悉 CRM 軟件
	保險客戶分類	分組討論	30 分鐘	注意分類的標準，請繪製分類的表格或圖形
	保險客戶服務部門設置	分組討論	30 分鐘	上網查找保險公司服務部門設置和服務內容等
	保險營銷員客戶服務模擬	情景模擬	30 分鐘	小組自行假設任務場景，完成服務項目

表14.1(續)

實驗總結	
教師評語	

二、實驗操作與記錄

(一) 熟悉 CRM 軟件

本小組接觸的 CRM 軟件名稱是：_____

該 CRM 軟件有哪些板塊和功能（可以繪製示意圖）：

(二) 保險營銷員客戶管理模擬

(1) 本小組客戶分類的標準（或依據）是：_____

_____

(2) 請將分類之後的結果用表格或圖形進行描述：

（3）本小組選定的客戶是：＿＿＿＿＿＿＿＿＿＿＿＿＿＿＿＿＿＿＿＿＿＿＿＿
本小組圍繞該客戶開展的後續工作方案是：＿＿＿＿＿＿＿＿＿＿＿＿＿＿＿＿

_____

_____

_____

_____

_____

_____

_____

_____

（三）保險客戶服務的基本內容
（1）本小組查詢的保險公司網站（要寫中文名和網址）是：＿＿＿＿＿＿＿

_____

_____

_____

（2）保險公司客戶服務部門設置與服務內容。
①本小組通過查閱發現，目標保險公司的客戶服務部門設置如下（可繪製示意圖）：

②本小組通過查閱發現，保險公司主要服務內容如下（可繪製示意圖）：

(3) 小組自擬某項服務場景，按照保險服務的要求模擬實驗。
①本小組模擬的服務場景描述（客戶需要哪種服務）：＿＿＿＿＿＿＿＿＿＿＿＿＿＿＿＿
＿＿
＿＿

②該項服務歸屬哪個部門？需要哪些材料？有哪些辦理流程？

第 8 章 會議經營

實驗 15 晨會

第一部分 晨會基礎知識

一、保險公司晨會的定義、要求和內容

（一）保險公司晨會的定義

保險營銷員在日常工作中經常接觸創業說明會、產品說明會和晨會等活動。其中，創業說明會主要用於增員，產品說明會主要用於現場集中推銷，而晨會主要用於保險營銷員信息交流和業務培訓等。

具體來說，保險公司晨會是指保險公司為了便於管理保險代理人和提升團隊業績，定期舉行的、以信息交流和業務培訓為主的日常性會議活動。按照活動開展的時間不同，劃分為晨會和夕會；按照活動開展的先後次序和對象不同，劃分為大早會（一次早會）和二次早會（見圖 15.1）。其中，晨會一般是 8:30~9:30 開展，比較常見；夕會可以在每天正式下班之前 1 小時左右開展，比較少用。大早會（一次早會）是針對本機構全體營銷員開展，在時間上一般先於二次早會開展；二次早會是本機構不同代理人團隊針對本團隊成員開展，在開展時間上一般緊接大早會之後舉行。壽險公司在晨會開展方面制度比較規範，經驗比較豐富，而財險公司在晨會開展方面往往非常精簡。

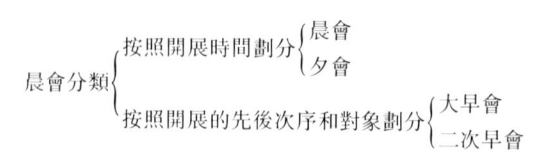

晨會分類 { 按照開展時間劃分 { 晨會 / 夕會 ; 按照開展的先後次序和對象劃分 { 大早會 / 二次早會 }

圖 15.1　保險公司晨會分類

（二）保險公司晨會的要求

保險公司晨會的要求如表 15.1 所示：

表 15.1　　　　　　　　　　　保險公司晨會的要求

序號	項目	內容
1	參加人員	營銷部門全體員工，包括代理人、營銷管理人員等，有時也包括其他部門行政人員。
2	晨會時間	每個工作日 8:30~9:30，各公司具體時間略有差異；夕會比較少見，時間一般可以設置在正式下班前 1 小時。
3	晨會地點	各公司職場，開展專題晨會時可在其他場所。
4	晨會主持	營銷部門或者總經理室。
5	晨會內容	晨會主要是信息交流和業務短訓，各公司具體晨會內容略有差異。
6	其他要求	著裝、會場紀律等。
7	晨會考勤	各公司視具體情況而定。

（三）保險公司晨會的內容

1. 保險公司晨會內容一般項目

保險公司晨會一般包括：

（1）入場；

（2）考勤；

（3）通報業務進度；

（4）公司信息動態、時政信息；

（5）專題短訓；

（6）營銷部內部宣講（通知等）；

（7）二次早會。

2. 保險公司晨會案例

開動腦筋 提高拜訪效率[①]

晨會背景：許多夥伴拜訪很多，收穫卻很少，覺得很累，效益不佳，拜訪效率低。

經營主題：通過晨會經營使夥伴們瞭解拜訪效率低的原因，找到解決的辦法，提高效率。

職場海報：「時間有限，人事紛繁，我們應該力求把我們所有的時間用於做最有益的事情」；「合理安排時間就等於節約時間」；「時間抓起來就是金子，抓不住就是流水」。

大早會（一次早會）。

第一，溫馨晨迎。

第二，晨操帶動——「我真的很不錯」。

第三，晨會故事——效率的價值。

第四，晨會游戲——「大瞎話」。

第五，感性時間——「向時間要效率，向技巧要時間」。

---

① 轉摘自：中國養老金網（www.cnpension.net，2010-07-28），有刪節。

第六，晨會專題——「拜訪效率是可以提高的」。

二次早會。

二、保險公司晨會組織[1]

(一) 時間經營和有續經營

就時間有續性而言，晨會每日一次相對獨立，但晨會在一定的時間段內應貫穿某一主題，在主題之下安排晨會內容，不斷檢查自我、反饋信息、總結經驗，從而得到進一步提高。

1. 時間經營

根據不同的時間、不同的環境安排不同的主題。例如，在年前安排「緣故，客戶大回訪」，在年後安排「收心，新年計劃」，在6月以前貫穿「高峰會議宣導」，在7月和8月安排「送英雄」與「英雄座談會」，在10月安排「服務月」，在11月和12月安排「衝刺」與「來年計劃」。在這些單個的主題當中又必不可少地穿插「心態調整，技巧培訓，業務提升」這條主線。

2. 有續經營

每日經營是多種多樣的，它們就像一個個美麗的詞組，匯成全年一篇很美的文章。例如，「心態、技巧、道德」是不斷向業務員宣的工作，但我們不可能天天都就這一個話題喋喋不休。我們將該話題分散到每一季、每一月以及每天那些單獨的主題中去，使這條主線能時時回響在業務員的耳邊，而又不被其厭倦，這就是一種持續有效的經營。

(二) 靈活多樣的活動經營

具體的晨會經營就像一次活動經營，經營者可以利用各種模式來調動大家的情緒。例如，專題演講、辯論、游戲、話術演練、搶答、每週一歌等。每日晨會經營者就像一個策劃師，把某種方法應用到晨會經營中去，無論使用何種方法，重要一點是調動大家的參與性。

就具體模式而言，專題演講適用於較強的主題以及經營理念，如「壽險是終身可為的事業」「高峰會議」「為了明天更美好」等；辯論適用於大家比較有爭議的話題；游戲有利於活躍氣氛，但要注意「形散而神聚」；每週一歌適合每週三來經營，調動大家的情緒；話術演練要注重實戰性，組織業務員自我提高、自我解答。總而言之，就是利用多種多樣的活動讓大家參與，切忌經營者個人侃侃而談，而聽者昏昏欲睡。

三、保險公司晨會注意事項[2]

(一) 晨會可以採用的幾種較好的類型

1. 「激勵型」

「激勵型」晨會通常圍繞公司的中心工作，在晨會中有效應用激勵手段，從而激發業務人員的積極性、提振士氣。例如，圍繞期交業務目標，在晨會中開展「對抗賽」

---

[1] 轉摘自：中國養老金網（www.cnpension.net，2009-06-26），有刪節和修改。
[2] 轉摘自：中國養老金網（www.cnpension.net，2010-04-27），有刪節和修改。

「霸主賽」等形式的活動；圍繞增員主題就可以利用「伯樂收入大曝光」「拜師儀式」等形式來達到經營目的。「激勵型」晨會不但表彰了團隊中的績優人員，樹立了標榜，也激發了全體業務夥伴企盼美好前景的意願。還可以在晨會上舉出成功典型實例，通過分享，讓營銷夥伴們都明白「天下沒有免費的午餐」的道理，只有不斷勤奮開拓，才能達成目標。

2.「交流型」

以交流研討為主要經營形式的晨會便是「交流型」晨會。此種晨會主要是提升業務人員的展業技能，解決開拓業務過程中的困難。「交流型」晨會的形式多種多樣，常見的有請業務員上臺進行展業技巧和展業話術分享，針對團隊需要解決的問題進行分組討論，還可以在晨會中穿插示範和演練。

3.「知識型」

「知識型」晨會是指在晨會中以知識講座或以新聞、新知識介紹並結合當前國家的政治經濟發展形勢為綱，拓寬業務員的知識面。「知識型」晨會可以提高團隊的學習興趣，建立學習型團隊，從而提高整個團隊綜合素質。「知識型」晨會要求收集和傳授的資訊要「新、精、專」。

4.「輸入型」

「輸入型」晨會是在團隊規模較小或資源有限的情況下，借助其他營銷單位的主管、組訓、業務高手到本部談展業體會或主持晨會，讓業務員有新鮮感，從而開闊視野。

5.「活動型」

「活動型」晨會經營以各種活動形式出現，有效地改變晨會的流程或補充參與性很強的團體活動項目，可以達到寓教於樂的效果。應在團隊士氣不是很高或業務人員在晨會經營中參與度不夠時採取這種形式的晨會模式。例如，「戶外晨運特別晨會」「慶生會特別晨會」等。

(二) 晨會需要克服的幾種錯誤類型

1.「盲目型」

有些營銷晨會的組織者對會議所要達到的目的不明確，在很多時候是為了開晨會而開晨會。在沒有明確的工作目的的情況下，晨會流程不能很好地為團隊的經營主題服務，失去了晨會的根本作用。

2.「匆忙型」

毫無準備或準備不充分是當前營銷晨會的一個通病。這表現在職場布置、音效準備、電腦投影儀器的測試上，更主要是主持人倉促上場、發言人詞不達意，使晨會功效大打折扣。這是因為組織者在觀念上對晨會重視不夠，忽視了晨會的重要性。晨會必須做好方案，參與人員精心準備，才能圓滿。

3.「應付型」

晨會天天開，日子一久，難免倦怠。晨會切不可處於應付狀態，否則將會影響士氣和紀律，不利於團隊建設與發展。唯有不斷創新才會賦予晨會新的活力。

4.「蒼白型」

「蒼白型」晨會是指晨會沒有實際內容，流於形式。晨會要有一定的形式，但會議形式必須為內容服務。有充實內容的晨會才會引起參會人員的共鳴、興趣、願意參加晨會。建議組織者多利用現有團隊資源，積極發現人才，同時多收集對經營活動有幫助的資訊來充實晨會的內容。

5.「膚淺型」

晨會往往形式活潑，內容較多，但不能提供業務人員所需要的知識和技巧，有形而無神，沒有深度。這就要求晨會經營者在經營晨會過程中加強培訓教育的力度，對於專題講授人、信息發布人的素質進行嚴格把關。有些團隊組訓、講師的力量比較薄弱，但可以讓主管、一些「高手」參與晨會，提高晨會質量。

第二部分　實驗設計與操作

一、實驗基本情況

（一）實驗目的

通過實驗教學，讓學生瞭解保險公司晨（夕）會的重要性，熟悉保險公司晨會的主要內容，掌握保險公司晨會的主要環節，能根據需要製作晨會方案，能基本掌握晨會主持的技巧。

（二）環境用具

電腦、保險實驗教學軟件、網絡連接、保險公司晨會方案樣本等。

（三）實驗學時

3學時。

（四）實驗形式

分組討論、情景分析、案例分析。

（五）實驗重點

晨會的主要內容，製作晨會方案。

二、實驗內容與教學組織

（一）瞭解保險公司晨會的重要性

（1）將學生分組，每組4~6人。各小組通過多種渠道查找保險營銷員歷年人數規模、學歷結構、脫落率、人均產能情況、佣金收入水平、接到投訴等資料和數據。

（2）分析保險營銷員亟須培訓和管理的原因，瞭解保險公司晨會的重要性。

（二）熟悉保險公司晨會的主要內容

（1）各小組多渠道查找保險公司晨會內容的相關資料至少2~3份，並進行比較。

（2）總結保險公司晨會一般所包含的主要內容，將這些內容進行記錄。

（三）根據需要製作晨會方案

（1）選定現有保險市場中某家保險公司，假設合理的場景，假設該公司需要開展一次晨會。

（2）圍繞上述假設製作晨會方案，註明方案主題和內容等。

（四）基本掌握晨會主持的技巧

（1）將各小組的方案進行對比，挑選其中有一定代表性的優秀作業和較差作業各一份。

（2）要求這兩組學生分別演練，對比各自方案的合理性，觀察學生的主持技巧。

【注意事項】

（1）教師要事先準備保險營銷員相關數據或資料來源。

（2）教師要事先準備不同保險公司晨會資料 3 份以上。

【思考題】

（1）保險公司晨會的作用有哪些？

（2）保險公司晨會的主要內容有哪些？

（3）製作保險公司晨會方案要注意哪些事項？

【參考文獻】

［1］張洪濤，時國慶．保險營銷管理［M］．北京：中國人民大學出版社，2005．

［2］中國養老金網 www.cnpension.net．

第三部分　實驗報告

一、實驗報告總表

實驗報告總表如表 15.2 所示：

表 15.2　　　　　　　　　　實驗報告總表

實驗編號及實驗名稱	實驗15　晨會			
分組編號		組長姓名		組長學號	
實驗地點		實驗日期		實驗時數	3 學時
指導教師		同組其他成員		評定成績	

表15.2(續)

	實驗內容	教學形式	時間控制	注意事項
實驗內容及步驟	瞭解保險公司晨會的重要性	分組討論	30分鐘	盡可能查找全國營銷員歷年人數規模、學歷結構、脫落率、人均產能情況、佣金收入水平、接到投訴等數據
	熟悉保險公司晨會的主要內容	分組討論	20分鐘	查找保險公司晨會內容的相關資料至少2~3份,並進行比較
	根據需要製作晨會方案	分組討論 情景模擬	30分鐘	在現有保險市場中選取一家保險公司,並進行合理假設
	基本掌握晨會主持的技巧	分組討論 角色扮演	40分鐘	各小組根據本小組的方案分別演練,記錄演練中發現的問題,等待教師和同學的點評
實驗總結				
教師評語				

二、實驗操作與記錄

(一) 瞭解保險公司晨會的重要性

(1) 將所找到的保險營銷員相關數據和資料進行描述(如全國營銷員歷年人數規模、學歷結構、脫落率、人均產能情況、佣金收入水平、接到投訴等,查到部分指標即可。可製成圖或表)。

（2）通過上述指標數據統計，本小組發現保險公司晨會是否重要？

（二）熟悉保險公司晨會的主要內容
本小組查到的晨會案例 1：＿＿＿＿＿＿＿＿＿＿＿＿＿＿＿＿＿＿＿＿＿＿＿＿＿
案例中晨會的主要內容被分成哪幾個部分：＿＿＿＿＿＿＿＿＿＿＿＿＿＿＿＿＿
＿＿＿＿＿＿＿＿＿＿＿＿＿＿＿＿＿＿＿＿＿＿＿＿＿＿＿＿＿＿＿＿＿＿＿＿＿
＿＿＿＿＿＿＿＿＿＿＿＿＿＿＿＿＿＿＿＿＿＿＿＿＿＿＿＿＿＿＿＿＿＿＿＿＿
＿＿＿＿＿＿＿＿＿＿＿＿＿＿＿＿＿＿＿＿＿＿＿＿＿＿＿＿＿＿＿＿＿＿＿＿＿

本小組查到的晨會案例 2：＿＿＿＿＿＿＿＿＿＿＿＿＿＿＿＿＿＿＿＿＿＿＿＿＿
案例中晨會的主要內容被分成哪幾個部分：＿＿＿＿＿＿＿＿＿＿＿＿＿＿＿＿＿
＿＿＿＿＿＿＿＿＿＿＿＿＿＿＿＿＿＿＿＿＿＿＿＿＿＿＿＿＿＿＿＿＿＿＿＿＿
＿＿＿＿＿＿＿＿＿＿＿＿＿＿＿＿＿＿＿＿＿＿＿＿＿＿＿＿＿＿＿＿＿＿＿＿＿
＿＿＿＿＿＿＿＿＿＿＿＿＿＿＿＿＿＿＿＿＿＿＿＿＿＿＿＿＿＿＿＿＿＿＿＿＿

本小組查到的晨會案例 3：＿＿＿＿＿＿＿＿＿＿＿＿＿＿＿＿＿＿＿＿＿＿＿＿＿
案例中晨會的主要內容被分成哪幾個部分：＿＿＿＿＿＿＿＿＿＿＿＿＿＿＿＿＿
＿＿＿＿＿＿＿＿＿＿＿＿＿＿＿＿＿＿＿＿＿＿＿＿＿＿＿＿＿＿＿＿＿＿＿＿＿
＿＿＿＿＿＿＿＿＿＿＿＿＿＿＿＿＿＿＿＿＿＿＿＿＿＿＿＿＿＿＿＿＿＿＿＿＿
＿＿＿＿＿＿＿＿＿＿＿＿＿＿＿＿＿＿＿＿＿＿＿＿＿＿＿＿＿＿＿＿＿＿＿＿＿

本小組查到的晨會案例 4：＿＿＿＿＿＿＿＿＿＿＿＿＿＿＿＿＿＿＿＿＿＿＿＿＿
案例中晨會的主要內容被分成哪幾個部分：＿＿＿＿＿＿＿＿＿＿＿＿＿＿＿＿＿
＿＿＿＿＿＿＿＿＿＿＿＿＿＿＿＿＿＿＿＿＿＿＿＿＿＿＿＿＿＿＿＿＿＿＿＿＿
＿＿＿＿＿＿＿＿＿＿＿＿＿＿＿＿＿＿＿＿＿＿＿＿＿＿＿＿＿＿＿＿＿＿＿＿＿

(三) 根據需要製作晨會方案

(1) 本小組選定的保險公司是：＿＿＿＿＿＿＿＿＿＿＿＿＿＿＿

該公司開展晨會的背景是：＿＿＿＿＿＿＿＿＿＿＿＿＿＿＿

(2) 圍繞上述假設製作晨會方案，本小組擬定的晨會主題是：＿＿＿＿＿

該方案的主要內容是：＿＿＿＿＿＿＿＿＿＿＿＿＿＿＿＿＿＿

(四) 基本掌握晨會主持的技巧

請各小組根據本小組的方案分別演練，記錄演練中發現的問題，等待教師和同學的點評。

(1) 本小組的演練記錄如下：

①小組成員演練分工：_____

②演練中發現的主要問題及改進措施如下：

通過演練發現的問題主要有：_____

本小組改進的措施主要有：_____

（2）教師或其他小組同學的點評：

實驗 16　產品說明會

第一部分　產品說明會基礎知識

一、產品說明會的概念與作用

（一）產品說明會的概念

產品說明會是商業領域中進行新產品推廣、服務客戶或進行「1+N」銷售的一種產品信息發布、客戶服務和商業銷售模式，在保險、房地產和教育領域被廣泛應用。

（二）產品說明會的作用

產品說明會的作用主要包括如下內容：

（1）展示和擴大公司品牌的影響。

（2）提供銷售人員服務客戶和銷售的機會。

（3）介紹公司產品。

二、產品說明會的類型

產品說明會可以按照不同標準進行劃分（見表 16.1）。

表 16.1　　　　　　　　　　　產品說明會的類型

劃分標準	類型
主題	投資理財沙龍、健康養老講座、少兒教育講座等
客戶類型	高端場、中端場（精英場）、普通場（貴賓場）
舉辦形式	講座、會議、聯誼、座談、宴會等
參與對象（人數）	大型式、團隊式、個人式、聯合式
舉辦場地	酒店、社區、鄉村、職場、家庭等

三、產品說明會的操作流程

（一）籌備階段流程

1. 成立工作小組

系統的籌備工作是產品說明會能否順利完成的前提，在舉辦產品說明會前，應成立專項小組，落實各項工作責任。

2. 確定說明會的目標和主題

不同類型的產品說明會、不同數量的參會人員和不同的對象層面，都會有不同的主題目標，應針對目標與主題準備相應的材料與工具。

3. 落實會議費用預算

費用預算與成本控制是籌備產品說明會的重要一環，在舉辦產品說明會前要根據實際情況制訂費用計劃。費用一般包括：場地租金、會場布置費、廣告費、交通費、

飲料費、嘉賓與聽眾的禮品費及其他突發性開支。

4. 確定時間與場地

產品說明會的舉辦時間一般選擇在週六或週日，場地的選擇要根據參會對象的特點、會場環境、設備情況、會場容量、交通便利性等細節決定。大型或專場的產品說明會可租賃外部場館，而中小型的產品說明會可在公司培訓中心或職場召開。

5. 準備所需物料

產品說明會需要準備的物料多且雜，對於物料的準備要有專人負責追蹤落實。

6. 邀請領導、演講嘉賓和主持人

產品說明會所需物料準備完畢後，工作小組要提前向被邀請的領導、演講嘉賓和主持人發送邀請函，並針對具體事項進行溝通。在演講嘉賓的選擇上要注意其工作背景、成功的經歷、演講的水平，並考慮參加產品說明會人員的性別、背景等情況。

7. 下發通知及會前宣傳引導

產品說明會舉辦前要下發通知，通知上應寫明產品說明會的時間、地點和主題等，要求各營業區每天通過各種方式向保險營銷員宣傳，並將邀請人數目標層層落實到個人。

8. 持續追蹤與落實

產品說明會通知下發後，要追蹤演講嘉賓報送個人資料，以便製作 PPT，同時落實各營業區參加人數，根據參會人數確定禮品數量。

9. 會前進行彩排

在產品說明會正式舉行之前要進行彩排，彩排最好在產品說明會舉辦的場地進行，主持人與演講嘉賓均要到場，嚴格按照產品說明會的舉辦流程將整套程序演練一遍，在彩排時要配以會場的音樂和燈光。禮儀人員要統一使用歡迎用語（如「您好，歡迎光臨」「您好，謝謝光臨」），確定個人站位。

10. 布置會場

產品說明會開始之前，會務組相關人員要提前進入會場進行布置，主要的工作包括：張貼歡迎海報；安排來賓登記處、引導牌、飲水處；會場內布置橫幅、展板、標語；布置講臺、抽獎箱；檢查音響、麥克風及其他輔助設備。同時，會務人員在產品說明會正式開始之前，要再次電話聯繫參會領導、演講嘉賓，再次告知會議時間、地點，提醒其準時參加。

（二）現場操作流程

1. 會議開始前的準備

產品說明會舉行當天，會務人員要提前 1~2 小時到現場再次查看各項準備工作的落實情況，檢查各項物品、材料、音響、麥克風及輔助設備等，並提前 30 分鐘播放歡迎投影片與暖場音樂。

2. 迎賓與入場

產品說明會的迎賓接待工作主要包括如下內容：

（1）禮儀人員為參會領導、演講嘉賓佩戴胸牌，引領入座；

（2）禮儀人員引導參會人員到簽到處簽到，進場就座；

（3）會場其他工作人員負責簽到，收取入場券，將抽獎券的副聯投入抽獎箱，並維持入場秩序。

3. 播放動畫（Flash）

說明會前 5 分鐘開始播放總公司品牌宣傳部製作的公司形象及其他相關資料的 Flash。說明會正式開始前 2 分鐘提示參加者大會即將開始，請不要隨意走動。

4. 產品說明會正式開始

為體現公司的專業形象，產品說明會應準時開始，可通過幕後音宣布產品說明會正式開始並請主持人出場。主持人出場時應播放出場音樂，主持人開始講話時出場音樂立即停止。

5. 主持人主持開場

主持人歡迎前來參加產品說明會的與會者，介紹會場禮儀要求。介紹參會領導時，應播放背景音樂。

6. 公司領導致辭

主持人介紹領導出場，播放上下場音樂及會議流程投影。

7. 有獎問答

有獎問答環節的目的在於活躍產品說明會的氣氛。

8. 演講嘉賓開始有關專題的演講

演講嘉賓在演講時不要過多地糾纏細節，主要介紹觀念，突出產品的賣點，同時可以穿插介紹產品的功能和意義。

9. 產品說明完畢，宣布促銷方案及問題解答

例如，主持人提示接下來是 15 分鐘的交流時間，有請保險業務員入場，來賓可向保險業務員提問，提示對剛介紹的產品提供現場訂購，並介紹現場訂購提供的禮品。

10. 發簽約意向書

可以當場發放簽約意向書。

11. 保險業務員和客戶溝通

主持人應盡量幫助保險業務員爭取促成交易的時間，提醒大家有抽獎活動。

12. 播報簽單業績，給簽單客戶發放禮品

產品說明會上可播報簽單業績，並給簽單客戶發放禮品。

13. 歡送客戶離開

客戶退場時應歡送其離開。

（三）會後追蹤

產品說明會結束後，所有內勤人員的營業部經理留在現場召開評估會，安排會後追蹤。會後追蹤的對象包括三類：第一類是到場並簽單的客戶；第二類是到場未簽單的客戶；第三類是未到場的客戶。

1. 到場並簽單客戶的追蹤

（1）保險營銷員應在說明會後的第一天馬上與已經簽單的客戶溝通並確定款項入帳情況。

（2）若客戶在說明會上已經簽訂了「確認意向書」但未繳納保費，則營銷員可以

將「客戶確認函」面呈客戶，要求客戶配合，達到再次見面的目的。

2. 到場未簽單客戶的追蹤

（1）若客戶在產品說明會現場未簽訂「確認意向書」，則業務員可將「客戶回訪函」面呈客戶，要求客戶配合，達到再次見面的目的。遞送回訪函時，向客戶強調是為了彌補工作上的不足，表示對客戶的誠意，聽取客戶的改進意見，以改進工作。

（2）保險營銷員可利用「客戶溝通函」嘗試推薦其他產品，幫助客戶進行保險需求的分析，為客戶及其家庭著想，提供保單的年檢服務，使客戶清楚家庭成員保險保障的總量和結構分佈。

3. 未到場客戶的追蹤

產品說明會結束次日或兩日內，保險營銷員應與未到場的客戶聯繫，可以公司要求反饋客戶未到場原因為由，對客戶進行電話約訪，取得與客戶面談的機會。取得面談的機會是銷售成功的第一步。

第二部分　實驗設計

一、實驗基本情況

（一）實驗目的

近年來，產品說明會逐漸成為人身保險產品銷售的重要形式，對於宣傳保險知識、培養保險市場發揮了積極的作用。通過本次實驗，要求學生掌握產品說明會籌備和現場操作的基本流程和方法，能夠策劃和組織產品說明會，能夠有效地進行產品說明會的事後追蹤。

（二）環境用具

電腦、網絡連接、Office 辦公軟件、產品資料（產品條款、費率表、核保規程）

（三）實驗學時

3 學時。

（四）實驗形式

分組討論、PPT 製作、方案設計、單證處理。

（五）實驗重點

產品說明 PPT 的製作、產品說明會流程的統籌。

二、實驗內容與教學組織

鼎盛人壽保險有限公司近期準備舉辦一次重大疾病保險的產品說明會，介紹並推廣公司剛剛上線的「鼎盛明天重大疾病保險」。請根據以下問題設置，進行角色模擬，完成任務。

（一）產品說明會準備與設計

全班分組，6 人/組，選舉組長，各小組可設定自己的組名和口號。假設小組被鼎盛人壽保險有限公司市場營銷部委派全權負責「鼎盛明天重大疾病保險」產品說明會的策劃、籌備和實施，組長則為產品說明會活動的總負責人，請根據下面提供的產品資料，完成任務：

（1）上網查找資料，瞭解產品說明 PPT 的設計。
（2）結合給定案例，撰寫主持稿。
（3）產品說明會邀約話術的設計。
（4）模擬產品說明會的現場操作流程。

①產品說明會項目負責人根據實際需要，將本組以外的學生進行角色劃分，選定主持人、講師、禮儀、後勤等人員，餘下的學生可扮演客戶及保險營銷員。

②模擬產品說明會的現場流程，進行 PPT 講解，並填寫「產品說明會工作小組責任分工表」「產品說明會物品清單表」等相關單證。

（二）產品說明會追蹤

產品說明會結束後，保險營銷員劉強對本次產品說明會上自己的簽單情況進行了整理統計，結果顯示：本次共邀約了 10 名客戶，其中 3 名客戶未到場，這 3 名客戶分別是張翔飛（40 歲，男，物流公司經理）、林敏霞（28 歲，女，信息技術企業文員）以及王玉敏（32 歲，女，家庭主婦）；7 名到場客戶中，2 名已經簽單並且當場繳費，3 名已經簽訂「客戶購買意向確認書」但尚未繳納保費，分別是歐陽菲菲（30 歲，女，企業人力資源管理專員）、許梁文（42 歲，男，律師）、周武夫（38 歲，男，公務員），剩餘 2 名客戶雖到產品說明會現場但並未簽單，分別是丁玉柱（29 歲，男，工程技術人員）、張小麗（25 歲，女，財務出納）。請模擬劉強的角色在產品說明會結束後對 10 名客戶進行會後追蹤，並完成下列任務。

（1）針對客戶的不同情況，正確填寫「客戶購買意向確認書」「客戶聯誼函」「客戶確認函」「客戶回訪函」以及「客戶溝通函」。
（2）針對未繳費、未簽單客戶拒絕異議進行話術設計。

【注意事項】

（1）可以提前安排學生自行搜索產品條款等資料，不必與本書提供的案例一致。
（2）本實驗務必提前布置學生預習，否則上課時間無法看完資料。

【思考題】

（1）產品說明會有哪些類型？
（2）產品說明會一般包括哪些環節？

【參考文獻】

［1］周燦，常偉. 保險營銷實務技能訓練［M］. 北京：電子工業出版社，2011.
［2］李玉菲，蔣菲. 保險實務綜合技能訓練［M］. 北京：電子工業出版社，2011.
［3］中國人民人壽保險股份有限公司. 產品說明會規範運作與管理 PPT（內部資料）［Z］.

第三部分　實驗報告

一、實驗報告總表

實驗報告總表如表 16.2 所示：

表 16.2　　　　　　　　　　　實驗報告總表

<table>
<tr><td colspan="2">實驗編號
及實驗名稱</td><td colspan="4">實驗 16　產品說明會</td></tr>
<tr><td colspan="2">分組編號</td><td>組長姓名</td><td></td><td>組長學號</td><td></td></tr>
<tr><td colspan="2">實驗地點</td><td>實驗日期</td><td></td><td>實驗時數</td><td>3 學時</td></tr>
<tr><td colspan="2">指導教師</td><td colspan="2">同組其他成員</td><td>評定成績</td><td></td></tr>
<tr><td rowspan="5">實驗內容及步驟</td><td>實驗內容</td><td>教學形式</td><td>時間控制</td><td colspan="2">注意事項</td></tr>
<tr><td>瞭解產品說明會 PPT</td><td>分組討論
文獻查閱</td><td>40 分鐘</td><td colspan="2">上網查找保險產品說明會的 PPT，瞭解其主要形式和內容</td></tr>
<tr><td>主持稿和邀請函撰寫</td><td>分組討論</td><td>20 分鐘</td><td colspan="2">結合給定案例條件撰寫</td></tr>
<tr><td>現場操作流程模擬</td><td>典型示範</td><td>30 分鐘</td><td colspan="2">設計本小組產說會的現場操作流程</td></tr>
<tr><td>產說會追蹤</td><td>情景模擬
單證填寫</td><td>30 分鐘</td><td colspan="2">按給定條件填寫單證，做好追蹤工作</td></tr>
<tr><td colspan="2">實驗總結</td><td colspan="4"></td></tr>
<tr><td colspan="2">教師評語</td><td colspan="4"></td></tr>
</table>

二、實驗操作與記錄

（一）產品說明會準備與設計

（1）本小組查閱的產品說明會 PPT 描述如下：

(2) 本小組主持稿的設計如下：

(3) 本小組邀請話術（邀請函）如下：

(4) 本小組產品說明會的現場操作流程如下（注意角色分配、物資等表格填寫）：

(二) 產品說明會追蹤

（1）針對客戶的不同情況，正確填寫「客戶購買意向確認書」「客戶聯誼函」「客戶確認函」「客戶回訪函」以及「客戶溝通函」（見附件資料）。

（2）針對未繳費、未簽單客戶拒絕異議進行話術設計，本小組話術設計如下：

【實驗 16　附件】

資料一：鼎盛明天重大疾病保險主要條款、費率及核保規則
一、鼎盛明天重大疾病保險條款（部分）

第五條　保險責任

本保險合同中的重大疾病分為基本重大疾病與其他重大疾病兩類，基本重大疾病投保人在投保時必須投保，其他重大疾病投保人在投保時可以選擇投保，具體疾病種類及疾病定義以本保險合同第二十五條釋義為準。

在保險期間內，保險人承擔下列保險責任：

被保險人經醫院診斷於其保險責任生效日起 30 日後（續保從續保生效日起）初次患本保險合同所附且經投保人投保的重大疾病，保險人按重大疾病保險金額給付重大疾病保險金，對該被保險人保險責任終止。

被保險人經醫院診斷於其保險責任生效日起 30 日內（續保無等待期）初次患重大疾病，保險人對投保人無息返還該被保險人對應的所交保險費，對該被保險人保險責任終止。

第六條　責任免除

因下列情形之一，導致被保險人發生疾病、達到疾病狀態或進行手術的，保險人不承擔保險責任：

（一）投保人對被保險人的故意殺害、故意傷害；

（二）被保險人故意自傷、故意犯罪或拒捕；

（三）被保險人服用、吸食或注射毒品；

（四）被保險人酒後駕駛、無合法有效駕駛證駕駛，或駕駛無有效行駛證的機動車；

（五）被保險人患愛滋病或感染愛滋病病毒；
（六）戰爭、軍事衝突、暴亂、武裝叛亂、恐怖活動；
（七）核爆炸、核輻射或核污染；
（八）遺傳性疾病，先天性畸形、變形或染色體異常。

發生上述情形，被保險人身故的，保險人對該被保險人保險責任終止，並對投保人按日計算退還該被保險人的未滿期淨保費（經過日數不足一日按一日計算）。

第七條　保險金額和保險費

保險金額是保險人承擔給付保險金責任的最高限額。

本保險合同的重大疾病保險金額由投保人、保險人雙方約定，並在保險單中載明。

投保人應該按照合同約定向保險人交納保險費。

第八條　保險期間

本保險合同保險期間自合同成立並生效時起，至被保險人年滿70週歲的對應保單週年日止。

……

未滿期淨保費計算公式如下：

未滿期淨保費＝保險費×［1－（保險單已經過天數／保險期間天數）］×(1-25%)

經過天數不足一天的按一天計算。

二、鼎盛明天重大疾病保險費率表（截選）

（20年期，單位：每萬元基本保額）

年齡	繳法	男性			女性		
		年繳	半年繳	季繳	年繳	半年繳	季繳
28		346.0	180.0	91.0	335.0	174.0	88.0
29		355.0	185.0	93.0	343.0	178.0	90.0
30		364.0	189.0	95.0	352.0	183.0	92.0
31		373.0	194.0	98.0	361.0	188.0	95.0
32		383.0	199.0	100.0	371.0	193.0	97.0

三、鼎盛明天重大疾病保險簡易核保規則

（一）繳費期限及承保年齡

繳費期限	承保年齡
鼎盛明天重大疾病保險（繳費10年）	18~50週歲
鼎盛明天重大疾病保險（繳費15年）	18~50週歲
鼎盛明天重大疾病保險（繳費20年）	18~50週歲
鼎盛明天重大疾病保險（繳費至55週歲）	18~45週歲

(二) 承保金額
(1) 最低承保金額：10,000元。
(2) 最高承保金額：300,000元。
(3) 可附加意外傷害保險、住院補償醫療保險、住院補貼醫療保險。

資料二：相關表格

產品說明會工作小組責任分工

工作組	小組成員	工作職責	負責人	所需物品
運作組		講師及主持人的聯繫與落實；準備專題教案及主持人講稿；組織講師試講專題；主講人演練；音像資料的準備；說明會現場流程的監控協調，布置場地與清場、彩排		各種電子設備、資料等
禮儀組		落實參加人員類型及人數，並下發門票；安排禮儀進行簽到；禮儀接待工作、彩排		綬帶、產品說明會來賓簽到表、嘉賓胸牌、禮品等
後勤組		落實預算費用和場地；確定場地布置方案；準備會議各項資料；彩排、布置場地		橫幅、指示牌、歡迎牌、海報、噴畫等
主持人		擬寫主持稿，交運作組審核定稿；對會議現場進行控制，調動現場氣氛，幫助保險業務員促成簽單		主持稿、PPT
專題講師		擬寫專題教案，交運作組審核定稿；進行專題演講		專題教案、PPT
保險業務員		邀約客戶；與客戶進行現場溝通；促成簽單；會後追蹤		簽約意向書、相關產品資料

產品說明會物品清單

物品名稱	責任人	準備情況	說明
來賓簽到表			
……			

表(續)

物品名稱	責任人	準備情況	說明

客戶購買意向確認書

尊敬的客戶：

您好！感謝您信賴並選擇我公司，我們將以優質的服務給您滿意的回報！祝賀您擁有了一份最時尚的保險產品，本公司將向您提供一份溫馨的禮品。

按照《中華人民共和國保險法》的規定，為了保證您的切身利益，請您務必在相關保險資料（投保單、建議書、保單回執）上親筆簽名。

投保信息

客戶姓名	性別	年齡（週歲）	身分證號碼
年繳保費	繳費期限	保險金額	

投保人簽名：
日期：

業務員簽名：
業務員工號：
部門代碼：

客戶聯誼函

尊敬的客戶：

您好！感謝您信賴並選擇我公司，好東西一定要與好朋友分享，祝賀您擁有最時尚的保險產品，同時希望您能介紹您的朋友認識我公司，擁有保障。

我們的成功離不開您的支持與幫助。請您協助填寫適合的朋友的名單！

序號	朋友姓名	性別	年齡	聯繫方式		工作單位
				手機	住宅電話	
1						
2						
3						
4						
5						

客戶確認函

尊敬的客戶：

您好！感謝您參加我公司客戶聯誼產品說明會，同時對我們工作不足之處深表歉意。為了在未來工作上有所改善和工作效果有所提升，我們懇請您協助業務員完成下面的問題回答，並提出建議。謝謝合作！

您不購買的原因	□對公司不瞭解 □業務員講解不清 □說明會內容太多，時間不長 □條款不容易理解	
序號	意見描述	改善建議
1		
2		
3		

客戶簽名：

客戶溝通函

尊敬的客戶：

您好！感謝您參加我公司客戶聯誼產品說明會。對於我們推薦的產品，可能不能滿足您的保險需求。秉承「客戶至上，服務至上」的原則，我們將委託專業人員為您免費提供保險需求分析。衷心感謝您的合作！

免費服務項目	□個人及家庭保障分析　□家庭財務分析　□家庭保單整理
	□健康險諮詢　□養老險諮詢　□財產險諮詢

客戶簽名：

第9章 銷售團隊建設與管理

實驗 17 增員

第一部分 增員基礎知識

一、增員的重要性

增員是指保險營銷團隊招聘保險代理人以擴大本保險營銷團隊人力規模的行為。人們通常不會主動購買保險，保險是靠人銷售出去的。保險營銷組織的發展既取決於人均產能，又取決於總人力規模。對銷售管理者來說，首要的工作就是招聘優秀的保險營銷人員。面對保險銷售人員的高脫落率，增員成為組織發展的重要途徑，唯有增員才能使保險事業快速發展與提升，組織發展是穩定和分散風險的最佳途徑。

二、增員的流程

增員工作的開展一般要遵循一定的流程，只有這樣增員工作才能卓有成效（見圖17.1）。

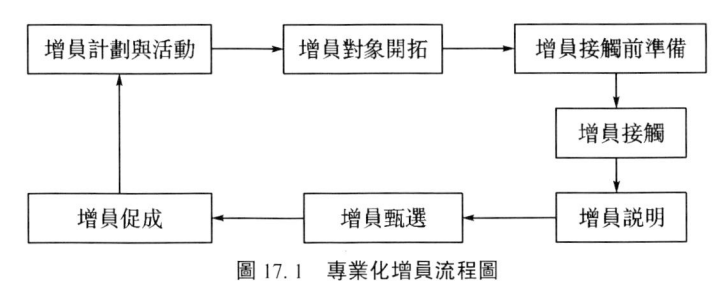

圖 17.1 專業化增員流程圖

（一）增員的來源

增員的主要來源如下：
（1）緣故市場。
（2）人才市場。
（3）校園招募。
（4）待業人群。
（5）金融服務行業。

（二）增員的方法

增員的方法如表 17.1 所示：

表 17.1　　　　　　　　　　　　　增員的方法

方法	內容
緣故法	緣故法是向熟悉的人增員，如同學、同鄉、同事、鄰居、親人等。
轉介紹法	依靠現有熟人推薦其他人員，如現有客戶、朋友、鄰居等。
影響力中心法	利用影響力中心增員。影響力中心指的是那些能夠持續提供名單的熱心推薦人，這些人有比較好的人力資源，有一定的影響力和信譽度。
其他方法	通過其他途徑增員，如利用社交媒體、現場招募、高校宣講等。

（三）增員接觸前的準備

增員接觸前的準備如下：

（1）自我準備。自我準備包括儀容儀表，話術預演和自信心的準備。

（2）資料準備。資料準備包括公司制度資料、個人得獎資料和照片、部（組）同仁資料。

（四）接觸合格增員對象

（1）信函接觸。通過信函，邀約增員對象。製作信函的內容應包括寒暄，可以追溯回憶，報告近況，關心對方的工作、身體和生活；讚美，發掘對方優點，及時讚美；約定，約定時間、地點、日期和方式，叮囑強化信守約定（見圖 17.2）。

曉明兄：

那天感謝您的熱情招待，雖然並未深交，卻深刻感受到您的熱忱，您對保險營銷人員的正面看法讓我加深對您的印象。的確，未來成功的藍圖是掌握在主動出擊的人手上，顯示出您內心強烈的成功慾望。希望下次有機會將我公司的事業介紹給您，下面附上一些資料請您參考。

有緣就是福氣，朋友即是寶藏，不是嗎？希望很快能與您相聚，愉快暢談，祝您萬事如意。

×××

××年×月×日

圖 17.2　增員信函示例（被增員者背景：餐廳經理）

（2）電話接觸。電話約訪的目的是與增員對象約定面談時間和地點，全力保證增員對象能赴約。

（五）發掘增員點

增員接觸時應獲取被增員者的四種資料：

(1) 基礎背景資料。
(2) 性格特徵。
(3) 工作現狀。
(4) 未來理想資料。

其中：未來理想－目前工作現狀＝差距＝增員點。

（六）增員說明

通過增員說明，激發被增員者從事保險工作的興趣，建立保險行銷觀念，吸引增員對象從事保險工作。增員說明的主要內容如下：

(1) 對保險行業的說明。
(2) 對本公司的說明。
(3) 對本營業單位的說明。
(4) 對營銷員工作性質的說明。
(5) 對公司代理佣金制度與特色的說明。
(6) 對公司培訓和為個人成長提供環境的說明。

（七）增員面談甄選

通過增員面談，瞭解被增員者的詳細資料和職業意向等，並判斷其是否符合增員的其他條件。

（八）增員促成及異議處理

增員時要善於觀察被增員者的心理活動，及時干預，消除其顧慮，促成增員成功（見圖17.3）。

準增員：「做保險營銷員，工作不穩定。」

增員者：「現在做什麼事情穩定呢？就拿婚姻來說，有明文的法律規定，離婚率還不是一樣那麼高嗎？穩定是相對的，以前大鍋飯穩定，後來還不是大量下崗失業。現在這個社會，就像趕車一樣，你得不斷跟著車子跑，才能上車，有個位子，沒有什麼是穩定不變的。因此，看一樣工作的穩定與否，是看其未來20年的穩定性，比如文員目前看來穩定，但是20年後企業還會要這樣的老文員嗎？從事保險銷售會越來越穩定，如果你做滿10年、20年，就是這個市場的老大，誰敢不要你？」

圖17.3 保險增員促成示例

三、創業說明會

創業說明會簡稱創說會，也稱事業說明會，是保險公司為了招募保險營銷人員而舉行的一種專門的招聘會[1]，是保險營銷團隊增員的常見和有效形式之一。創說會流程包括會前準備、會中說明和動搖、會中促成和會後促成等。

---

[1] 保險公司與代理人簽署代理協議，二者並無雇傭關係，「招聘」一詞值得商榷。但是在實際營運中，保險公司實際上對代理人進行高強度的日常管理，本書暫時借用「招聘」二字。

（一）會前準備

1. 營業區（營銷團隊）

（1）會場布置，如音樂播放、勵志格言張貼、展板放置（公司簡介、基本介紹等）。

（2）資料的準備及分發，如公司報紙、公司營銷雜誌等。

（3）督察職場內人員的著裝與禮儀。

（4）機構負責人安排好時間，全程參與創說會並準備好歡迎辭內容。

2. 主任（負責人）

（1）安排好時間與新人共同參與創說會。

（2）注意著裝和禮儀。

（3）利用會前等待新人的時間，舉行簡短的見面會。

（4）針對新人心理，事先做鋪墊交流。

（5）互留名片。

3. 推薦人

（1）安排好時間與新人共同參與創說會。

（2）注意著裝和禮儀。

（3）將自己的保險簡歷向新人進行簡單介紹，並進行基本鋪墊與交流。

4. 主持人

（1）對主持人的要求如下：

①形象大方、語言表達能力較強、心態積極；

②比較瞭解公司的各項政策法規；

③有一定的掌控能力；

④幽默但不庸俗，個性鮮明但不張揚；

⑤主持過程中保持中立，不帶個人感情色彩。

（2）對主持人的準備要求如下：

①主持人提前到會場做好充分的心理及形象準備；

②視座位、場所的大小考慮是否請業務員離開；

③考慮可能出現的突發性狀況，做好充分的應對準備。

（二）會中說明和動搖

（1）公司歌曲、公司精神、願景、目標、使命、價值觀。

（2）機構負責人致歡迎詞。

（3）行業介紹。

（4）公司介紹及公司與同業對比之優勢。

（5）營業單位介紹。

（6）說明工作性質。

（7）職業生涯規劃（晉升、培訓、福利）。

（三）會中促成

（1）成功人員分享。

（2）錦綉前程展示。

（3）激勵演講。

（四）會後促成

（1）主任、推薦人與新人的集中溝通。

（2）對會中內容進行補充和說明。

（3）分別與新人約定下一步面談的時間和地點。

（4）會後的電話溝通和追蹤。

第二部分　實驗設計與操作

一、實驗基本情況

（一）實驗目的

通過實驗教學，使學生掌握保險公司增員的流程、增員的要求、增員的異議處理話術；瞭解增員的觀念，熟悉增員的方法；瞭解創說會的主要內容。

（二）環境用具

電腦、網絡連接、保險代理人招聘廣告、保險增員話術演練手冊等。

（三）實驗學時

3學時。

（四）實驗形式

角色模擬、分組討論。

（五）實驗重點

增員的流程、創說會主要內容。

二、實驗內容與教學組織

（一）增員的重要性

（1）安排學生查詢各保險公司（壽險公司）的業績與其代理人人數。

（2）將查詢得到的數據繪製成柱狀圖等圖形，觀察二者之間的相關性，從而瞭解增員的重要性。

（二）增員時對「新人」的要求

（1）查詢3個以上保險增員的廣告，並記錄其增員條件。

（2）對上述廣告進行總結，描述保險增員「新人」的一般條件，並制成圖或表。

（三）增員流程模擬

（1）假如你是剛加入保險公司的保險營銷員，請填寫「業務員增員100」計劃書（課堂實驗中學生填寫30人即可），並根據「業務員增員100」中填寫的信息，篩選出「理想」和「比較理想」的準增員。

（2）根據增員過程中，被增員者提出的異議，設計異議處理的話術。

異議1：「我現在在企業做文員挺好的，聽說做保險不太穩定。」

異議2：「現在孩子還比較小，做保險怕沒有時間照顧孩子。」

異議3：「做保險要到處去求人，我拉不下面子。」

異議4:「以前從來沒有做過銷售,沒有任何銷售方面的經驗。」

(四)熟悉創說會的主要內容

(1)引導學生查找創說會的文案資料3份左右,並進行對比分析。

(2)歸納和總結創說會文案的一般內容。

(五)瞭解基本的創說會主持技巧

(1)通過查閱文獻資料、視頻等瞭解創說會主持的基本技巧。

(2)各小組可以嘗試寫作創說會文案,並進行演練,注意合理分工,做好演練記錄。

(3)教師可以對具有代表性的作品進行點評,提出改進建議。

【注意事項】

(1)教師要準備各項數據或資料的來源網址等信息,確保實驗的順利進行。

(2)教師要事先準備好保險公司招聘廣告3份以上、創說會文案3份左右,如有條件還可以準備相關視頻資源,方便學生課外進行學習模仿,掌握創說會主持技巧。

(3)注意保密,即對於教師提供的統計信息等保密。

【思考題】

(1)增員有哪些來源?

(2)增員的「新人」要符合哪些條件?

(3)創說會主要包括哪些內容?

【參考文獻】

[1]劉平.保險營銷——理論與實務[M].北京:清華大學出版社,2012.

[2]中國人壽保險有限公司.準增員對象開拓與話術演練(增員早會專題內部資料)[Z].

[3]中國平安人壽保險有限公司.業務員增員100(內部資料)[Z].

第三部分 實驗報告

一、實驗報告總表

實驗報告總表如表17.2所示:

表17.2　　　　　　　　　　實驗報告總表

實驗編號及實驗名稱	實驗17　增員			
分組編號		組長姓名		組長學號	
實驗地點		實驗日期		實驗時數	3學時

表17.2(續)

指導教師		同組其他成員		評定成績	

<table>
<tr><td rowspan="6">實驗內容及步驟</td><td>實驗內容</td><td>教學形式</td><td>時間控制</td><td colspan="2">注意事項</td></tr>
<tr><td>增員的重要性</td><td>分組討論
數據分析</td><td>30分鐘</td><td colspan="2">各省市保險行業協會網站有部分重要數據；對增員與保險公司保費收入做相關性分析</td></tr>
<tr><td>增員時對「新人」的要求</td><td>分組討論</td><td>20分鐘</td><td colspan="2">查閱3個以上保險公司增員廣告，總結增員一般條件</td></tr>
<tr><td>增員流程模擬</td><td>分組討論
角色模擬</td><td>40分鐘</td><td colspan="2">對照附件表格填寫，異議處理可以只選一個完成</td></tr>
<tr><td>熟悉創說會的主要內容</td><td>分組討論</td><td>30分鐘</td><td colspan="2">上網查找不同版本的創說會文案3份以上，總結創說會文案一般內容</td></tr>
<tr><td>瞭解基本的創說會主持技巧</td><td>分組討論
觀看視頻</td><td>課後完成</td><td colspan="2">上課時間有限，本步驟可以在課外完成</td></tr>
<tr><td>實驗總結</td><td colspan="5"></td></tr>
<tr><td>教師評語</td><td colspan="5"></td></tr>
</table>

二、實驗操作與記錄

(一) 增員的重要性

(1) 本小組查詢得到的保險公司業績（保費）與其代理人人數如下（可用圖或表）：

（2）通過上述數據對比，可以發現二者之間的相關性如下：

_____
_____
_____
_____

（二）增員時對「新人」的要求
（1）本小組查閱的保險增員廣告如下：
廣告 1 名稱：_____
廣告 2 名稱：_____
廣告 3 名稱：_____
廣告 4 名稱：_____
（2）對上述廣告進行總結，描述保險增員「新人」的一般條件，並制成圖或表。

（三）增員流程模擬
1. 根據實驗要求填寫附件中的表格，並根據「業務員增員 100」中填寫的信息，篩選出「理想」和「比較理想」的準增員，分別如下：

_____
_____
_____
_____

（2）根據增員過程中，被增員者提出的異議，設計異議處理的話術：
本小組選取的是異議（請打鈎）：☐1　☐2　☐3　☐4
本小組擬定的話術如下：

_____
_____

(四) 熟悉創說會的主要內容

(1) 本小組查閱的保險增員創說會文案（視頻）如下：

資料 1 名稱：＿＿＿＿＿＿＿＿＿＿＿＿＿＿＿＿＿＿＿＿＿＿＿＿＿＿＿＿

資料 2 名稱：＿＿＿＿＿＿＿＿＿＿＿＿＿＿＿＿＿＿＿＿＿＿＿＿＿＿＿＿

資料 3 名稱：＿＿＿＿＿＿＿＿＿＿＿＿＿＿＿＿＿＿＿＿＿＿＿＿＿＿＿＿

資料 4 名稱：＿＿＿＿＿＿＿＿＿＿＿＿＿＿＿＿＿＿＿＿＿＿＿＿＿＿＿＿

(2) 對上述資料進行總結，描述保險創說會的一般內容，並制成圖或表。

(五) 瞭解基本的創說會主持技巧（建議在課後完成）

(1) 通過查閱文獻資料、視頻等瞭解創說會主持的基本技巧。

(2) 各小組可以嘗試寫作創說會文案，並進行演練，注意合理分工，做好演練記錄（另附紙張記錄）。

【實驗 17　附件】

個人發展計劃

增員人姓名：
業務主管姓名：
本計劃始末日期：
一、增員經歷
1. 已增員轄下_____人，其中直接增員_____人，間接增員_____人。
2. 已轉正_____人，試用_____人，已脫落_____人。
3. 你認為有效的增員方法是：□緣故　□介紹　□報招　□人才。
二、個人計劃
1. 計劃晉升主任的時間為_____，計劃增員總人力_____人。
2. 每月上崗的人數_____人。
3. 每月新人班的人數_____人。
4. 每月代理人甄選測試考試的人數_____人。
5. 每月參加代理人資格考試的人數_____人。
6. 每月參加創業說明會的人數_____人。
7. 每月面談人數_____人，每週面談人數_____人，每天面談人數_____人。
8. 每月獲得準增員名單的人數_____人，每週獲得增員名單的人數_____人。
9. 每天獲得準增員名單的人數_____人。

　　填寫說明：計劃的制訂的依據是每月約訪談增員對象 30 人，可獲得面談 27 人，參加創業說明會 21 人，參加代理人甄選測試 10 人，參加代理人資格考試的 8 人，上崗 3 人。

等級 \ 姓名							
收入	A. 5,000 元以上；B. 3,000 元以上；C. 1,000 元以上；D. 其他。						
年齡	A. 30~40 歲；B. 40~50 歲；C. 20~30 歲；D. 其他。						
婚姻	A. 已婚；B. 未婚；C. 離婚；D. 其他。						
職業	A. 專業人士；B. 營銷類；C. 學生類；D. 其他。						
學歷	A. 大學；B. 大專；C. 高中；D. 其他。						
認識時間	A. 3 年；B. 1 年；C. 3 個月；D. 其他。						
工作經歷	A. 5 年；B. 3 年；C. 1 年；D. 其他。						

表(續)

	姓名 等級						
來源	A. 親戚；B. 教友；C. 社區；D. 同學；E. 家人的朋友；F. 業務往來；G. 好友；H. 鄰居；I. 同事；J. 新婚的人；K. 社團組織；L. 新喬遷的人；M. 其他。						
綜合評價	A. 5年；B. 3年。 理想的準增員對象打「✓」。						

使用說明：

(1)「增員100」要求使用人收集到100個準增員名單資料，並填寫完整；

(2) 按順序填寫（來源、姓名、等級確定後填寫）；

(3) 填寫完畢後，即可看到每個準增員對象的等級狀況；

(4) 獲得B級較多的對象保持正常聯繫，可暫不提增員；

(5) 將其中獲得A級較多和C級較多的對象篩選出來；

(6) 獲得A級較多的對象重點關注，獲得C級較多的對象考慮放棄；

(7) 對於D級很理想的重點關注，條件較差的考慮放棄。

實驗 18　培訓

第一部分　培訓基礎知識

一、保險公司培訓的重要性

保險公司的新員工需要經過培訓掌握完成工作所必需的知識和技能。對於一名新員工來說，在能夠完全履行其新職責之前，可能需要工作技能的學習、工作態度的學習，至少要熟悉工作環境和流程。保險公司一般都重視對新員工的培訓，對保險銷售人員的培訓也不例外。

二、保險公司培訓的主要內容

（一）保險公司培訓的種類

保險公司培訓分為制式（標準）培訓和非制式培訓。其中，制式培訓是指保險公司標準化、常規化的培訓；非制式培訓是指根據當時實際情況開發的制式培訓以外的其他培訓（見表 18.1）。

表 18.1　　　　　　　　　　保險公司的基礎培訓

培訓級別	培訓項目
初級培訓	新人崗前培訓
	新人轉正培訓
中級培訓	業務主任晉升培訓
	業務主任研修班
	成長訓練
	PTT 培訓①
高級培訓	營業部經理晉升培訓
	營業部經理研修班
	營管處經理培訓
	TTT 培訓②

---

① PTT（Professional Trainer Training）培訓是職業培訓師培訓。
② TTT（Training the Trainer to Train）培訓是國際職業訓練協會（International Professional Training Association, IPTA）的培訓師認證課程。

（二）培訓班的開班流程及作業內容

保險代理人培訓開班流程及作業內容如表 8.2 所示：

表 18.2　　　　　　　　保險代理人培訓開班流程及作業內容

開班前的準備	培訓實施	培訓結束後的教學管理和費用核銷
（1）培訓班行事歷的擬定，工作要細化到人； （2）培訓學員的調訓及確認； （3）培訓通知的擬定和下發； （4）培訓費用的簽報、費用申領； （5）培訓日程的安排，包括培訓科目和培訓時間的安排； （6）講師的確認與邀請； （7）培訓地點的選定，並按費用簽報標準談妥各項費用； （8）製作培訓學員的桌牌； （9）準備培訓的教學器材，包括手提電腦、投影機、插排、激光筆、白板筆、白板擦、膠帶、裁紙刀等； （10）培訓教室的布置，包括懸掛橫幅、調試音響、座位擺放、投影機、投影幕的擺放，白板的準備等； （11）課堂所需資料的複印； （12）學員培訓筆記本和筆的準備； （13）公司歌曲、課間輕鬆錄音磁帶準備； （14）學員茶杯準備，杯蓋上貼好名單，教室門口喝水地點選定； （15）學員分組，按男、女比例和年齡大小搭配； （16）學員、講師及其食宿的安排； （17）學員住宿房間的分配； （18）會務組人員的安排與落實； （19）班主任、助教的確認； （20）通知參訓學員到訓； （21）安排會務組，迎接學員報到； （22）開訓準備； （23）開訓領導的邀請； （24）開訓拍照聯繫（視情況而定）； （25）訓前與學員溝通，瞭解情況，宣講紀律。	（26）開訓主持； （27）開訓領導講話； （28）課堂紀律宣講； （29）課堂氣氛掌控； （30）課間播放輕鬆音樂； （31）隨堂分發學員資料； （32）布置作業，組織學員晚間討論； （33）學員考勤記錄； （34）瞭解學員培訓狀況，與學員溝通； （35）結訓主持； （36）領導結訓講話； （37）獎項評定及頒發。	（38）學員填寫本次培訓班教學成果反饋表； （39）培訓結束後，會務人員總結檢討培訓效果亟待改進之處； （40）培訓結束後，助教及時清點各種教學器材，逐件收回，貴重物品，如攝像機、照相機、胸麥、投影機、投影幕等要小心清點，盤點無誤後裝箱交回公司，其餘的教學物品帶回到培訓部交與教務人員保管； （41）與培訓地點的酒店或賓館結清培訓期間學員及講師所有的食宿費用，若場地是租用的，還需要結清場租費； （42）總費用和各單項費用必須控制在費用預算所列明的數目內，不得超支，最後到財務部門核銷費用。

三、班主任及助教的工作內容

（一）班主任的工作

班主任的主要工作內容如下：

（1）介紹推薦講師，保持與講師和學員之間的銜接和溝通；
（2）安排學員的自習活動，組織課程回顧與輔導；
（3）組織培訓期間的文體和激勵競賽活動；
（4）確保良好的培訓紀律和秩序；

（5）合理支出與控制培訓期間的費用；
（6）組織進行階段性的測驗和考試；
（7）組織參訓學員填寫「學員反饋表」。
（二）助教的工作
助教的主要工作內容如下：
（1）充分熟悉開班的流程及相關資料，密切配合班主任工作；
（2）按照規定做好準備，逐一清點應攜帶物品；
（3）熟練掌握教學器材的使用方法；
（4）聯繫開班的有關事項；
（5）布置教室；
（6）提前到場，檢查場地、器材是否符合要求；
（7）學員隨堂資料的印製，資料的準備；
（8）準備簽到表、資料，接待學員報到；
（9）製作通信錄；
（10）開、結訓拍照的聯繫，相片名單的確認，相片的沖印、過膠；
（11）班主任交代的其他事項。

第二部分　實驗設計

一、實驗基本情況

（一）實驗目的

保險公司的新員工基本不具備出色完成工作所必需的全部知識和技能，因此培訓對保險公司，尤其是壽險公司來說是非常必要的。通過實驗教學，使學生瞭解並掌握壽險公司培訓的內容和流程，掌握班主任和助教在培訓工作中的要領，並根據給定的材料進行壽險公司培訓活動的策劃，填寫相關表格。

（二）環境用具

電腦、網絡連接、Office 辦公軟件、培訓組織表格。

（三）實驗學時

2 學時。

（四）實驗形式

分組討論、角色模擬。

（五）實驗重點

培訓活動策劃書的撰寫。

二、實驗內容與教學組織

（一）熟悉培訓組織基本資料與要求

（1）將學生分組，仔細閱讀附件材料。

（2）上網查閱保險公司培訓要求、內容等。

(二) 培訓安排與表格填寫

(1) 請製作明確的全程時間安排表，包括具體課程時間表。
(2) 請根據所給資料思考並模擬培訓進程，根據需要填寫附件中的各種表格。

【注意事項】

(1) 學生可以根據實際情況更改資料數據，或者自擬不同的案例情景。
(2) 填寫表格數據一般要求填寫部分數據即可，如學員名字填寫20個左右即可。
(3) 實驗中涉及的人名、電話等資料請務必保密。

【思考題】

(1) 保險公司代理人培訓有哪幾種類型？
(2) 培訓班主任的工作有哪些？
(3) 培訓助教的工作有哪些？

【參考文獻】

劉平. 保險營銷——理論與實務 [M]. 北京：清華大學出版社，2012.

第三部分　實驗報告

一、實驗報告總表

實驗報告總表如表18.3所示：

表18.3　　　　　　　　　　實驗報告總表

實驗編號及實驗名稱	實驗18　培訓			
分組編號		組長姓名		組長學號
實驗地點		實驗日期		實驗時數　2學時
指導教師		同組其他成員		評定成績

	實驗內容	教學形式	時間控制	注意事項
實驗內容及步驟	熟悉實驗材料	分組討論	10分鐘	材料內容細緻，務必仔細研讀，確保實驗能順利進行
	熟悉保險培訓要求	分組討論	20分鐘	自行上網查找資料，瞭解保險培訓的要求和內容
	培訓時間安排表制定	分組討論角色模擬	10分鐘	制定詳細具體的時間安排表，包括課表
	培訓進程模擬	分組討論角色模擬	40分鐘	思考和模擬培訓進程，根據需要填寫附件中的表格

表18.3(續)

實驗總結	
教師評語	

二、實驗操作與記錄

（一）熟悉培訓組織基本資料與要求

（1）將學生分組，仔細閱讀附件材料，請確認以下信息（可以另外假設案例）：

培訓主題：＿＿＿＿＿＿＿＿＿＿＿＿＿＿＿＿＿＿＿＿＿＿＿＿＿＿＿＿＿＿

培訓時間：＿＿＿＿＿＿＿＿＿＿＿＿＿＿＿＿＿＿＿＿＿＿＿＿＿＿＿＿＿＿

培訓地點：＿＿＿＿＿＿＿＿＿＿＿＿＿＿＿＿＿＿＿＿＿＿＿＿＿＿＿＿＿＿

培訓對象：＿＿＿＿＿＿＿＿＿＿＿＿＿＿＿＿＿＿＿＿＿＿＿＿＿＿＿＿＿＿

培訓組織和工作人員：＿＿＿＿＿＿＿＿＿＿＿＿＿＿＿＿＿＿＿＿＿＿＿＿＿

＿＿＿＿＿＿＿＿＿＿＿＿＿＿＿＿＿＿＿＿＿＿＿＿＿＿＿＿＿＿＿＿＿＿＿＿

＿＿＿＿＿＿＿＿＿＿＿＿＿＿＿＿＿＿＿＿＿＿＿＿＿＿＿＿＿＿＿＿＿＿＿＿

培訓課程：＿＿＿＿＿＿＿＿＿＿＿＿＿＿＿＿＿＿＿＿＿＿＿＿＿＿＿＿＿＿

＿＿＿＿＿＿＿＿＿＿＿＿＿＿＿＿＿＿＿＿＿＿＿＿＿＿＿＿＿＿＿＿＿＿＿＿

＿＿＿＿＿＿＿＿＿＿＿＿＿＿＿＿＿＿＿＿＿＿＿＿＿＿＿＿＿＿＿＿＿＿＿＿

＿＿＿＿＿＿＿＿＿＿＿＿＿＿＿＿＿＿＿＿＿＿＿＿＿＿＿＿＿＿＿＿＿＿＿＿

（2）上網查閱保險公司培訓要求、內容等，本小組查閱的網站是：＿＿＿＿＿

本小組查閱的資料內容主要是：＿＿＿＿＿＿＿＿＿＿＿＿＿＿＿＿＿＿＿

＿＿＿＿＿＿＿＿＿＿＿＿＿＿＿＿＿＿＿＿＿＿＿＿＿＿＿＿＿＿＿＿＿＿＿＿

＿＿＿＿＿＿＿＿＿＿＿＿＿＿＿＿＿＿＿＿＿＿＿＿＿＿＿＿＿＿＿＿＿＿＿＿

（二）培訓安排與表格填寫

（1）請製作明確的全程時間安排表（包括具體課程時間表）。

（2）請根據所給資料思考並模擬培訓進程，根據需要填寫附件中的各種表格。

【實驗 18　附件】

一、培訓案例背景資料

根據公司組織發展的需要，坐落於廣州市的愛迪生壽險公司市場營銷部擬定於 2013 年 11 月 8 日~9 日在從化溫泉鎮花溪酒店舉辦為期兩天，名為「挑戰自我，成就夢想」的壽險營銷員培訓。假定你是該公司培訓部的培訓人員，並且是此次活動公司委任的培訓班班主任。請根據以下資料，撰寫培訓活動的策劃書，對培訓工作進行前期籌備，擬定此次培訓的通知，填寫附件中的相應表格，最後將所有的電子、書面文檔在培訓結束後一併匯總、整理歸檔，填寫試驗報告。

二、愛迪生壽險公司培訓項目背景資料

（一）參訓人員、培訓地點、往返程安排

此次培訓主要針對的是加入愛迪生公司不到 1 年的壽險營銷員，除班主任外，參訓人員共有 30 人，助教 1 名，工作人員 3 名，培訓講師 4 名，公司開訓領導 1 名，具體名單詳見「參訓人員名單」。培訓地點定於從化溫泉鎮花溪酒店，距廣州車時 1 小時 30 分鐘左右。公司定於 11 月 8 日 8:00 從天河體育中心北門出發，9:30 左右到達從化溫泉鎮花溪酒店後，由工作人員派發房間鑰匙，參訓人員安置行李。10:00 在酒店二樓會議室正式培訓，午餐時間為 12:00~13:00，午休時間為 13:00~13:45，下午培訓時間為 14:00~17:30，晚餐時間為 18:00~19:00。晚餐後，各學員回房溫習培訓內容，並進

行話術演練，工作人員於 22:00 開始查房，瞭解學員學習情況。11 月 9 日叫早（Morning Call）的時間為 6:30，7:00 在酒店操場集中開始晨訓，8:00~8:45 為早餐時間。9:00 開始上午的培訓。上午培訓下課期間、中午及下午培訓的安排同 11 月 8 日。中午午餐前由班主任通知學員 14:00 前收拾完行李，下午培訓時帶回教室，房卡於下午課程前統一交到班主任處，統一辦理退房。課程結束用完晚餐後，全體人員乘車返回廣州，21:00 左右達到廣州，結束兩天一晚的愉快行程。

（二）培訓相關費用說明

經過初步與酒店洽談，酒店的房費為 160 元/間（雙人標準間），早餐的餐標為 10 元/人，午餐的餐標為 20 元/人，晚餐的餐標為 20 元/人，房間內若加床，則收取加床費用 80 元/張。酒店的中型會議室可容納 50 人，收費標準為 200 元/小時，會議室內配備了投影機、白板、話筒、音響等基本設備。在車輛使用方面，準備租用一輛 50 座的大巴車，租車費用約為 2,000 元。此次外出不配備專業的醫務人員，外出的一些急需必備應急藥品需要項目籌備組自行採購，培訓過程中使用到的白板筆、白板紙、資料等需要根據課程時間及人數提前準備。

（三）培訓課程內容

整個培訓內容涵蓋公司產品、時間管理、銷售循環、增員等多項內容，具體的授課課程內容詳見下表：

表 18.3　　　　　　　　　　外訓課程一覽表

序號	課程	序號	課程
1	愛迪生壽險公司企業文化	8	銷售循環——安排約訪
2	保險營銷員管理規定	9	銷售循環——成交面談
3	洪福齊天養老年金保險	10	銷售循環——促成面談
4	喜洋洋少兒教育金保險	11	銷售循環——遞送保單和售後服務
5	康恒重大疾病保險	12	如何成為頂級銷售人員
6	時間管理	13	如何有效增員
7	銷售循環——尋找準客戶	14	愛迪生壽險公司規章

備註：課程順序由項目籌備組自行確定。

三、其他資料

外訓課程一覽空白表（如果本小組自擬案例時使用）

序號	課程	序號	課程
1		8	
2		9	
3		10	
4		11	
5		12	

表(續)

序號	課程	序號	課程
6		13	
7		14	

備註：課程順序由項目籌備組自行確定。

參訓人員名單

序號	姓名	工號	性別	業務區	聯繫電話	電子郵箱
1						
2						
3						
4						
5						
6						
7						
8						
9						
10						
11						
12						
13						
14						
15						
16						
17						
18						
19						
20						
21						
22						
23						
24						
25						
26						
27						
28						

「挑戰自我，成就夢想」培訓活動通知

各營業機構：
　　為了配合公司業務發展和增員的需要，愛迪生壽險公司培訓部將於____年__月__日~__月__日開辦為期____天的訓練課程，具體培訓事項如下：
一、培訓時間

二、培訓地點

三、參訓學員

四、參訓學員注意事項
1. 嚴格遵守上課時間，不要遲到早退。
2. 著裝符合公司以下要求：
(1) 男士：穿西裝、襯衫、打領帶、配皮鞋。
(2) 女士：穿正式服裝。
(3) 嚴禁穿Ｔ恤、牛仔褲、露背裝、運動鞋。
(4) 不提倡男士穿花襯衣。
3. 課堂要求如下：
(1) 認真聽課，課間不能隨意走動。
(2) 不能在課堂上吸菸、吃零食。
(3) 關閉手機。
(4) 積極參與討論、回答問題。

愛迪生壽險公司培訓部
年　月　日

培訓項目費用預算表（示例）

項目內容	單價（元）	數量	總金額	備註
交通費	2,000	1	2,000	大巴車租車

表(續)

項目內容	單價（元）	數量	總金額	備註
費用總計（小寫）：　　　　元					
費用總計（大寫）：				

製表：　　　　　　　　審核：　　　　　　　　日期：

培訓物料清單（示例）

序號	物品	數量	準備情況	負責人	備註
1	培訓資料	40份	已準備	李紅	按學員實際人數，多10份備用
2					
3					
4					
5					
6					
7					
8					
9					
10					
11					
12					
13					
14					
15					

表(續)

序號	物品	數量	準備情況	負責人	備註
16					
17					
18					

製表：　　　　　　　　　　審核：　　　　　　　　　　日期：

培訓學員通信錄（示例)

序號	業務區	姓名	性別	電話/手機	電子信箱
1	廣州	葉凡	女	13324567123	Yf@sina.com
2					
3					
4					
5					
6					
7					
8					
9					
10					
11					
12					
13					
14					
15					
16					
17					
18					
19					
20					
21					
22					
23					
24					
25					

表(續)

序號	業務區	姓名	性別	電話/手機	電子信箱
26					
27					
28					
29					
30					

填寫說明：請按業務區進行通信錄的製作

培訓分房表（示例）

序號	業務區	姓名	房間號	備註
1	廣州 佛山	葉凡 袁立	201	
2				
3				
4				
5				
6				
7				
8				
9				
10				
11				

表(續)

序號	業務區	姓名	房間號	備註
12				
13				
14				
15				

填寫說明：該表格可以根據實際分房情況進行增減或修改，若餘單男或單女，可採用加床處理。

培訓班課程表（示例）

日期	時間	課程內容	講師
2015年11月8日	10：00~12：00	愛迪生壽險公司企業文化	趙總

表(續)

日期	時間	課程內容	講師

製表：　　　　　　　審核：　　　　　　　日期：

培訓學員簽到表（示例）

序號	業務區	姓名	工號	11月8日 上午	11月8日 下午	11月9日 上午	11月9日 下午	備註
1	廣州	葉凡	G060900	√	√	√	√	
2								
3								
4								
5								
6								
7								
8								
9								
10								
11								
12								
13								
14								
15								
16								
17								
18								
19								
20								
21								
22								
23								
24								
25								

填寫說明：該表格可根據實際學員人數進行增加，現場簽到時須學員親自簽名，培訓後講師整理製作電子版時可根據出勤情況以√或×代替。

培訓班分組名單（示例）

組別	業務區	姓名	性別	組別	業務區	姓名	性別
第一組	廣州	葉凡	女	第四組			
第二組				第五組			

表(續)

組別	業務區	姓名	性別	組別	業務區	姓名	性別
第三組				第六組			

製表：　　　　　　　　審核：　　　　　　　　日期：

培訓學員反饋表

班級名稱：_____
培訓時間：_____

　　學海無涯勤是岸，青雲有路志為梯！期盼本次培訓課程能對您的學習與工作有所幫助、有所啟發。為使以後的培訓更趨完善，請您提供寶貴的意見。謝謝您的參與！

一、您認為本次培訓課程的內容：　　太多　　剛好　　不夠

	太多	剛好	不夠
理論方面	□	□	□
實務方面	□	□	□

二、您認為本次培訓授課情況：　　特優　　好　　普通

	特優	好	普通
講師方面	□	□	□
其他教學輔助器材的使用（如投影片等）	□	□	□
重點解釋說明	□	□	□
內容生動有趣	□	□	□
講師授課熱忱度	□	□	□

三、您認真思考一下，本次培訓讓您獲益最多的講師是：
1. _____　2. _____　3. _____

四、您認真思考一下，本次培訓您認為授課需要改善的講師是：
1. _____　2. _____　3. _____

五、您對本次培訓的課程有何建議？您有何心得？

<u>課程建議：</u>

<u>心得體會：</u>

培訓班評估表

班主任：_____　　　　開班日期：_____年____月____日至____月____日

培訓班名稱：		培訓地點：	
參訓對象：			
報名人數：	實際參訓人數：	參訓率（%）：	
預算費用（人民幣元）：		實際費用（人民幣元）：	

表(續)

學員與班主任評估匯總情況			
項目 人員	教學及講師方面		班務方面	
^	好的方面	需要改進方面	好的方面	需要改進方面
學員				
班主任				

科室主任意見：

　　　　　　　　　　　　　　　　　　　　　　　　簽名：

部門總經理意見：

　　　　　　　　　　　　　　　　　　　　　　　　簽名：

培訓班工作總結

培訓名稱			
執行人		時間	
參加人員		人數	
培訓執行情況			

表(續)

學員表現及反饋
優秀學員：
流失學員：
不及格學員：
其他：

培訓部意見

製表：　　　　　　　　審核：　　　　　　　　日期：

培訓班文檔歸檔目錄（示例）

培訓班名稱：　　　　　　　　　　　　　　　　日期：

題名	內容	責任人	備註
「挑戰自我，成就夢想」培訓活動通知	通知各業務區培訓時間、地點、參訓人員等相關培訓信息	張蘭	

表18.17(續)

題名	內容	責任人	備註

填寫說明：歸檔目錄中文檔的排列順序請按照各文檔產生的先後排列。

實驗 19　銷售團隊日常管理

第一部分　銷售團隊日常管理基礎知識

團隊管理指在一個組織中，依成員工作性質、能力組成各種小組，參與組織各項決定和解決問題等事務，以提高組織生產力和達成組織目標。在保險公司的銷售團隊日常管理中，包含了團隊文化、會議制度、激勵機制、活動量管理、績效考評、隊伍穩定、培訓等內容，只有協調處理好這些問題，才能使團隊正常運作，創造出更好的業績。

一、團隊文化營造良好工作氛圍

團隊文化是指在團隊建設及發展過程中形成的、為團隊成員所共有的價值觀、工作態度和行為規範。團隊文化是團隊成員共同擁有的文明基礎、文化成就感和文化心理，是團隊環境和意識的靈魂。團隊文化是團隊成員的共同價值觀，對團隊文化的揚棄又能為團隊提供積極的正能量。團隊文化是團隊凝聚力和共同動力的根本，通常包括團隊的制度、團隊的人際關係、團隊的價值觀、團隊的精神和口號等。團隊文化建設一般有八項規則（見表 19.1）。

表 19.1　　　　　　　　　　團隊文化建設的原則

序號	原則	含義
1	目標原則	要有一個有價值的團隊目標
2	共識原則	所有成員對團隊目標一致認同
3	整體原則	隊員配合協作、團結一致
4	卓越原則	通過集體努力不斷提高，追求更好
5	成效原則	激勵機制，包含物質的獎勵與精神的獎勵
6	實證原則	實事求是地面對困難、解決問題
7	親密原則	團隊成員之間親密無間、感情融洽
8	正直原則	能夠公正對待、及時處理團隊問題

二、會議制度是架在業務員與公司之間的橋樑

團隊會議是團隊管理的重要環節，是落實公司政策、解決團隊問題以及加強人員管理的重要手段。尤其是保險公司的銷售團隊，工作性質決定了其工作時間較為自由、工作地點具有不確定性。團隊會議對於保險團隊管理更為重要，只有通過會議才能把成員聚在一起實施信息交流、業務培訓、激勵士氣。團隊會議是業務員與團隊、公司溝通的橋樑，是讓業務員隨時掌握公司的各種方針政策、激發潛能、提升素質的重要方式。團隊會議的作用包括：傳達信息；獲取意見或反饋；分析和解決問題；說服他

人；討論和交換意見；培訓和開發；鼓舞和激勵；鞏固現狀；協商或化解矛盾；促進知識、技術或觀念的變革。

與日常管理密切相關的會議是大早會和二次早會（詳細內容見實驗15）。

三、激勵機制是業績的催生劑

銷售團隊在保險推銷過程中很容易被拒絕，容易產生挫折感，因此日常的團隊管理中激勵顯得特別重要。在團隊管理中，只有首先調動起下屬的積極性，才能通過他們實現團隊整體的計劃、組織和控制的職能，維護系統的正常運轉，進而實現團隊的各項目標。

所謂激勵，就是組織通過設計適當的需求獎勵和工作環境，以一定的行為規範和懲罰性措施，借助信息溝通，來激發、引導、保持和規範團隊成員的行為，以有效地實現組織及其成員個人目標的系統活動。激勵的含義包括：激勵的出發點是滿足組織成員的各種需要；科學的激勵工作需要獎勵和懲罰並舉；激勵貫穿員工工作的全過程；信息溝通貫穿激勵工作的始終；激勵的最終目的是在實現組織預期目標的同時，也能讓組織成員實現其個人目標。

哈佛大學的威廉‧詹姆斯在對激勵的研究中發現，激勵可以充分發揮人的能力。人們一般只會運用20%～30%的能力來應付工作，若給予充分的激勵，則他們的能力可發揮至80%～90%。激勵不僅可以使人發揮才智、釋放能量，還是能量再生、才智發展壯大的必要條件。為調動團隊業務員的積極性，激勵是保險行業永恆的管理手段，是保險團隊管理的核心環節。常用的激勵方式有目標激勵、業績激勵等（見圖19.1）。

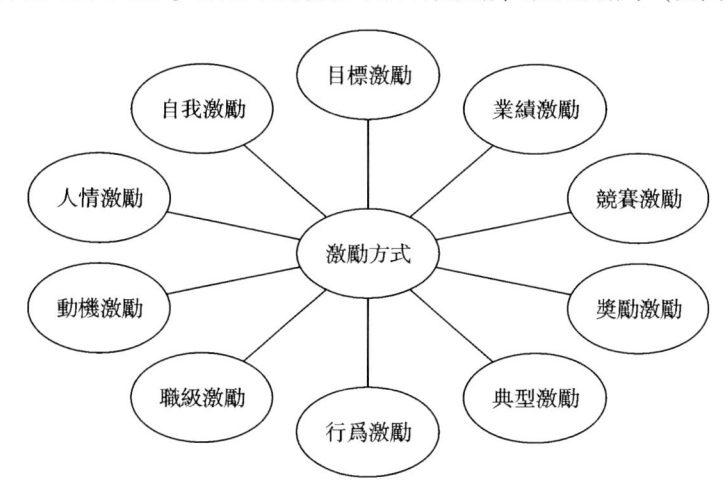

圖19.1　常見的激勵方式

為達到激勵的有效性，要注意幾點：一是規則的公平性；二是選擇激勵的合適時機；三是要廣泛徵求團隊成員的意見；四是目標要適當，即通過努力之後是可以達到的，如目標高不可及只會導致成員提前放棄激勵；五是深入宣傳引導激勵案，提高激勵案的影響力，引起團隊成員的關注，並注重日常追蹤，讓成員知道自己與目標的差

距，以便調整營銷舉措。激勵是一門管理藝術，有效的激勵對團隊營銷管理起到十分重要的作用。

四、活動量管理

活動量管理是對業務團隊銷售活動進行有效管理的方法，是對業務員的工作進行全過程跟蹤管理的管理過程。活動量管理起到提高員工拜訪量、增加員工準客戶量、形成有效客戶記錄、掌握員工日常活動的工作效果。善用管理工具，如工作日誌、主管工作日誌等，是活動量管理的必備工具（見表19.2和表19.3）。

表 19.2　　　　　　　　　　　業務員工作日誌

序號	日期	時間段	拜訪對象	推薦險種	保安規律	客戶需求評估

表 19.3　　　　　　　　　　　業務員月度工作檢視表

項目	本月目標	本月達成率	環比增長額	環比增長率	同期增長額	同期增長率
保費收入（元）						
保單件數（件）						
新增客戶（個）						
續保客戶（個）						
新準客戶（個）						
本月小結：						
主管點評：						

業務員對書面的作業難免會有拖沓和反感，主管在宣傳引導此項工作時，一定要讓業務員知道他們做這些書面記錄的功用何在，以免流於形式而失去其原本的功用。工作日誌和工作檢視表是業務員進行自我管理的必要工具，原始的拜訪記錄可以幫助業務員進行客戶總結和改進銷售模式。

五、加強績效考評

團隊主管在團隊管理中，必須讓每個成員時刻牢記自己的目標和任務，對他們的工作過程實施有效的監控和指導。團隊主管還要根據團隊成員目標任務的完成情況實

施考評，對業績優秀的員工及時表揚獎勵，對業績落後的員工要加以督促、加強管理，必要時加以約束，甚至淘汰。團隊績效是指團隊成員在特定時期內的工作表現、工作效率和工作成績。一般用評估和考核的辦法加以衡量，保險公司的績效具有可量化的、非主觀的特點，所有的指標都是用數字說話。團隊主管通過對團隊成員在特定期間內的業績分析和考評，以評估團隊達成目標的進展情況，也作為團隊下階段工作改善的依據，並根據具體化的績效結果來制定更合理的晉升、獎勵、培訓等制度，以激發和調動員工的積極性。

以壽險營銷團隊為例，績效考核的指標有訪問率、成功率、人均件數、業績達成率、人均保費、出單率、合格人員率等。各保險公司的考核指標會有所差異，同一公司根據公司的目標和銷售進度在不同的階段考核指標也會有所調整。

訪問率＝訪問次數/工作天數×100%

成功率＝簽單件數/訪問總次數×100%

人均件數＝首年保單件數/訪問總次數×100%

業績達成率＝實際保費/計劃額×100%

人均保費＝首年保單保費收入/(期初業務員人數+期末業務員人數)×100%

出單率＝本期出單業務員人數/(期初業務員人數+期末業務員人數)×100%

六、維護隊伍的穩定性，適時增員

人是團隊中最重要的資源，團隊成員的選擇標準應是「最合適」，而不是「最優秀」。高效的營銷團隊需要三種不同技能類型的成員，一是具有技術專長的人，二是具有發現、解決問題和決策技能的人，三是具有較強大人際關係的人。只有在團隊隊伍穩定的情況下，才能使成員將其內在的潛力發揮出來。特別是在保險業，調動團隊成員的主觀能動性對提高銷售業績具有至關重要的作用，才能實現團隊的共同目標。

例如，實驗17的增員行動是壽險公司日常工作不可或缺的一部分，壽險營銷的獨特性造成了必須通過建立有效的增員模式，讓更多高素質的營銷人才加盟壽險行業，提高留存率，才能確保營銷隊伍的不斷壯大。壽險營銷策略是「人海戰術」，只有足夠多的人去推銷，才能提高銷售業績。

七、培訓

培訓是保險營銷的重要環節，通過培訓，提高業務員對保險知識的認知、增強其對從事保險營銷的信息、學習營銷技巧，以達到提高營銷業績的目的。實驗18對培訓已進行了詳細講解，此處不再贅述。

第二部分　實驗設計與操作

一、實驗基本情況

（一）實驗目的

通過實驗教學，使學生瞭解常用的銷售團隊日常管理軟件；使學生熟悉保險銷售團隊日常管理的內容和技巧，包括團隊文化、會議制度、激勵機制、活動量管理、績

效考評、隊伍穩定、培訓等內容。通過角色扮演，使學生熟練掌握保險銷售團隊的日常管理技巧，能根據團隊的情況及時進行管理方式的調整，落實好每一項管理內容，靈活應用好管理技巧，以達成團隊的任務目標。

（二）環境用具

電腦、網絡、銷售團隊日常管理軟件、保險信息統計資料等。

（三）實驗學時

2學時。

（四）實驗形式

分組討論、情景模擬、軟件操作。

（五）實驗重點

日常管理的主要內容。

二、實驗內容、實驗用具與時間安排

（一）瞭解銷售團隊日常管理軟件

（1）安排學生使用日常管理軟件，瞭解軟件主要功能。

（2）虛擬銷售團隊成員5人以上，假設軟件所需各項數據，輸入軟件系統，方便進行各項數據分析，模擬團隊日常管理。注意查閱保監會等網站，獲取相關數據，保證模擬數據的合理性。

（二）銷售團隊日常管理模擬

（1）根據銷售團隊日常管理主要內容，結合軟件實際功能和項目，逐步模擬團隊管理各項內容，如在團隊管理軟件中輸入（培訓、創說會、產說會等）會議信息、增員與減員信息、績效（訪問率、成功率、人均件數等指標任選一項即可）變動考評。

（2）將上述模擬的結果進行分析，指出問題或提出對策。

（三）銷售團隊日常管理指定材料問題診斷

（1）閱讀以下材料，分析團隊在第四季度出現紀律鬆散、業績進度遲緩等的原因，並提出整改處理的措施，使團隊重新振奮士氣，重拾銷售激情，順利完成當年的任務目標。

（2）材料如下：

某保險公司的A銷售團隊有主管1名，業務員20名。該團隊一直以團結奮進、激情工作為團隊精神，業績一直遙遙領先，前3季度均超額完成公司下達的計劃。進入第四季度，團隊出現紀律鬆散狀況，晨會經常有業務員請假，且有3名業務員提出辭職到新的保險公司晉級就職。該團隊的業績進展明顯遲緩。

經瞭解，同業和公司近期的情況變化包括：

①因公司整體的業績有缺口，為達成全年計劃，公司給各團隊重新調整全年任務，基本上每個團隊都增加了任務；

②因本年度的銷售費用支出較預算超標，取消第四季度的激勵案；

③有一新保險公司的當地機構在籌建，到處「獵鷹」；

④接近年底考核，對部分業績不達標的業務員將進行預警，甚至淘汰。

【注意事項】

（1）輸入模擬數據時，要注意數據的合理性，因此可以引導學生查閱保險行業協會、保監會等網站，獲取相關銷售數據，進行必要的數據分析。

（2）整改措施的實施是否讓團隊成員接受，是否能對團隊產生正能量。

【思考題】

（1）保險銷售團隊日常管理主要有哪些內容？

（2）銷售團隊日常管理中可以用哪些指標考核績效？

【參考文獻】

［1］章金萍，李兵. 保險營銷實務［M］. 北京：中國金融出版社，2012.

［2］方有恒，郭頌平. 保險營銷學［M］. 上海：復旦大學出版社，2013.

第三部分　實驗報告

一、實驗報告總表

實驗報告總表如表19.4所示：

表19.4　　　　　　　　　　實驗報告總表

實驗編號及實驗名稱	實驗19　銷售團隊日常管理			
分組編號		組長姓名		組長學號
實驗地點		實驗日期		實驗時數	2學時
指導教師		同組其他成員		評定成績	

	實驗內容	教學形式	時間控制	注意事項
實驗內容及步驟	瞭解團隊管理軟件	分組討論 軟件操作	30分鐘	注意輸入數據的合理性
	日常管理模擬	分組討論 軟件操作 情景模擬	30分鐘	各項指標變動模擬盡量結合軟件功能，同類型指標任選一個即可
	指定材料問題診斷	分組討論	20分鐘	圍繞團隊管理的主要內容思考問題，知曉該問題屬於團隊管理哪一方面的問題

表19.4(續)

實驗總結	
教師評語	

二、實驗操作與記錄

(一) 瞭解銷售團隊日常管理軟件

(1) 本小組使用的團隊管理軟件名稱是：_____
該軟件的主要功能有：_____
_____
_____
_____

(2) 本小組輸入的數據列舉如下：
數據1：_____
_____
_____

數據2：_____
_____
_____

數據3：_____
_____
_____

數據4：_____
_____
_____

數據 5：_____

數據 6：_____

數據 7：_____

數據 8：_____

（二）銷售團隊日常管理模擬
（1）本小組模擬變動的數據如下：
數據 1：_____

數據 2：_____

數據 3：_____

數據 4：_____

數據 5：_____

數據6：_____

（2）對各項數據變動進行分析，本小組認為存在的問題或提出的對策如下：
問題／對策1：_____

問題／對策2：_____

問題／對策3：_____

問題／對策4：_____

問題／對策5：_____

問題／對策6：_____

（三）銷售團隊日常管理指定材料問題診斷
閱讀材料之後，本小組認為出現問題的原因如下：
_____

解決問題的對策如下：

第10章　營銷員擴展知識

實驗20　核保基礎

第一部分　核保基礎知識

一、保險核保的概念

保險業是經營風險的特殊行業，以風險為經營對象，為人們提供風險保障，是風險管理的有效方法。但是並不是所有的風險都適合用保險來處理，我們把保險人可以承擔的風險稱為可保風險，否則即為不可保風險。可保風險必須滿足一定的條件。

保險人對風險進行甄別、選擇並確定承保條件等的過程，我們稱為保險核保，即保險公司對參加保險的個體加以分類篩選，根據不同的危險程度匹配適當的承保條件，以維護保險計劃的公平合理。核保是承保過程的核心環節，是保險公司控制承保風險、提高保險經營質量的關鍵步驟。在核保過程中，核保人員將根據標的物的風險類別不同，對投保申請進行審核，在符合公司核保政策的情況下，確定保險費率。

二、保險核保的主要工作和環節

保險按承保標的分類，可以分為財產保險和人身保險。財產保險包括企業財產保險、家庭財產保險、農業保險、責任保險、信用保險等；人身保險包括人壽保險、健康保險、意外傷害保險。由於標的的差別，導致了各險種的保險責任、費率核定標準、風險管控的要求不盡相同，這就給核保工作提出了差異化的要求。一般情況下，各保險公司會分險種來進行核保。各險種的核保內容有所差異，但歸納起來，主要包含以下幾項工作和環節：

（一）制定核保政策

各公司或部門會根據自身的淨資產規模、償付能力和經營策略來制定與公司經營目標相一致的核保政策。為保證政策的穩定性，通常是每年修訂一次。當期間出現經營情況的重大異動，公司或部門會對部分核保政策進行調整。各保險公司會先按保險產品大類來分別制定核保政策定，如產險公司將分別制定車險、財產險、人身意外和健康險的核保政策，再結合各地區的市場差異，制定細分的險種核保細則，如車險再細分車損險、第三者責任險、全車盜搶險、玻璃單獨破碎險、車上座位責任險等各險別的核保細則。核保政策一般包括險種的經營策略、經營目標、適用條款、定價模式、適用的保險單、鼓勵和拒絕承保的業務範圍、保險金額的核定標準等。

（二）收集核保信息

核保信息是核保人員判斷承保風險的重要來源，信息收集渠道、一是來自於投保資料，包括投保單、健康告知聲明、收入告知聲明、被保險人清單、個人情況調查問卷、投保單位的營業執照、資質證書等保險人要求提供的與承保風險相關的基礎資料，是最基本的信息渠道；二是通過社會公共部門、媒體報導等渠道瞭解到與投保人、被保險人、保險標的相關的信息。例如，通過醫院瞭解被保險人的既往病史，通過安全監管部門瞭解企業的安全生產紀錄，或是通過媒體報導的與投保人有關的信用、安全管理等信息，都可作為核保的依據。

（三）審核核保信息

核保信息的審核是核保的關鍵環節，對保險標的的各項風險因素進行全面的評估，通過審核，選擇可承保業務，排除不合格的風險標的。各險種依據核保政策要求進行審核，不同險種的風險因素也不盡相同。以人身保險為例，人身保險核保信息的審核主要包括以下三個方面：

1. 健康因素

（1）年齡。年齡是影響死亡率和患病率的主要因素，死亡率和疾病發生率概率一般隨著年齡的增加而增加，因此人身保險均對投保人的年齡一般都有所限制，如某產品的投保年齡為 3~60 週歲，超出該年齡範圍的人群不能投保。

（2）性別。女性的平均壽命較男性長，同一年齡段的人群，除妊娠期外，女性的死亡率低於男性，因此女性的定期壽險費率低於男性。妊娠期是女性特殊的生理時期，容易患上糖尿病、高血壓等妊娠併發症，保險公司一般對處於妊娠期的女性不予承保健康險。

（3）家族病史。家族病是指遺傳因素起主導作用的疾病。具有較強家族傾向病史者，將大大增加某些疾病在家族其他成員中發生的可能性，如高血壓病、冠心病、糖尿病等。

（4）既往病史。既往病史是被保險人投保前曾經罹患病史或身體遭受損傷的情況。一些疾病治愈後對被保險人的身體無嚴重影響，可以正常承保。某些既往病症對被保險人的身體有重大影響，治愈後的復發可能性較大或是容易引起併發症，這種情況核保人將根據病史資料判斷是否拒保。如承保的話，會增加一些限制條件，如增加「由於既往病史導致發生的疾病及其併發症為除外責任」的特別約定，或是提高保費進行承保。

（5）現存病狀。現存病是指被保險人在投保時正患有的疾病。核保人將根據現存病的疾病性質、疾病病程、發作次數、治療方法和治療效果等進行綜合評估，以判斷其健康風險。

（6）身體狀況。身體狀況包括身高、體重、血壓、心電圖、尿液檢查指標、血液檢查指標等。按照醫學上的標準，每個指標都有一個正常的區間數據，當超出正常指標時，核保人將視其超常程度決定是否可保。

2. 非健康因素

（1）職業風險。職業風險包括工傷事故風險和職業病風險。各保險公司制定並下

發「職業分類表」供業務員和核保人使用。「職業分類表」將各行業的大部分工種進行分類，按工傷事故風險的高低進行分類，一般分為5~6類，各類別對應不同的費率。核保政策對於高風險行業，如消防員、礦業採石、防暴警察、海上作業、高空作業、特技演員等工作人員有特殊的承保要求，一般是拒保或限制承保。關於職業病風險，某些職業會帶來一定的健康危害，長期從事該職業容易患上職業病，這也是核保人應考慮的因素。

（2）保險利益。保險利益是指投保人對保險標的具有法律上承認或認可的利益。《中華人民共和國保險法》第三十一條規定：「投保人對下列人員具有保險利益：（一）本人；（二）配偶、子女、父母；（三）前項以外與投保人有撫養、贍養或者扶養關系的家庭其他成員、近親屬；（四）與投保人有勞動關系的勞動者。除前款規定外，被保險人同意投保人為其訂立合同的，視為投保人對被保險人具有保險利益。訂立合同時，投保人對被保險人不具有保險利益的，合同無效。」因此，投保人對被保險人是否有保險利益是核保人的審核內容之一。

（3）愛好與習慣。瞭解被保險人是否有賽車、跳傘、攀岩等高風險的業餘愛好，以及是否吸菸、酗酒的不良習慣。

3. 財務因素

核保中一般根據被保險人的年平均收入來確定保險金額，對於年繳保費要求控制在年收入的20%以內。對於高保額，如保險金額超過50萬元，一般要求提供個人收入告知書、財務問卷等資料。財務因素的審核主要是為了防範道德風險。

以上的各項風險因素來源於前期收集的核保信息，這就要求核保信息必須是真實的，要求投保人必須如實告知各項信息，如有不屬實內容，將影響核保人對風險的判斷。如後期出險，將導致合同糾紛。

（四）核保決策

在收集和審核完核保信息後，核保人需開始對標的進行核保決策，決策必須在符合公司核保政策規定的範圍內進行，否則視為無效。在核保決策時，需特別留意投保人是否存在逆選擇或者道德風險。核保決策過程主要包括以下四項：

1. 保險標的的篩選

通過審核投保標的的風險狀況，判斷是否屬於可保範圍。

2. 確定保險責任

通過對保險標的風險的評估，確定承保責任範圍，明確對所承保風險應負的賠償責任。對於具有特殊風險的投保標的，保險人須採用附加條款或特約條款進行約定，或者增加保費。

3. 確定保險金額

保險金額是依據標的的價值或是投保方對標的所具有的保險利益額度來確定的，要避免超額承保。

4. 核定保險費率

在確定以上1~3項的情況下，核保人進一步核定費率。

（五）簽發保單

在確定承保方案後，保險人正式簽發保險單，標誌著保險經濟關系正式確立。簽發保險單一定要注意是否符合「見費出單」的規定。

（六）單證歸檔

正式簽發保單後，經過投保人或被保險人交付保險費（合同允許先出單後收費時）和簽收保險單環節，有關單證應立即歸檔，並妥善保管。

三、保險核保的分類

按照管理類型的組織結構不同，保險核保分為集中的核保管理和分權式的核保管理。這種分類由保險公司的組織架構決定。集中核保一般僅在總、分公司設置核保崗位，負責處理轄區所有業務的核保。分權式核保是逐級授權，各分支機構均設置核保崗位，負責處理不同級別的業務。一般情況下，越處於基層的機構核保權限越低，僅處理一些低風險、低額度的業務，各級機構根據風險和承保條件逐級上報審批。

按照核保方式的不同，保險核保分為系統自動化核保和人工核保。隨著電子信息技術的普及和發展，系統自動化核保在各保險公司廣泛應用。系統自動化核保是指通過內勤人員將投保資料的所有信息錄入系統，電腦將自動對錄入信息和系統相應模塊的標準信息進行比對，符合條件給予核保通過；如不符合條件將退回或轉人工核保。對於標準化費率、風險因素固定的個人險種，如車險、個人意外險、旅遊意外險、家庭財產險一般採用系統自動化核保，可以提高核保時效，且準確度高。大部分團體業務由於存在議價空間，且投保人的差異化要求較多，一般採用人工核保的模式。

在人工核保中，公司對核保人的管理一般是實行等級管理制，根據核保人員的工作期限、對保險產品和公司政策的熟悉程度、對風險的評估能力、對保險市場發展趨勢的判斷能力等技能水平進行分類，規定不同等級核保人員的職權和相應的審批權限。

第二部分　實驗設計

一、實驗基本情況

（一）實驗目的

通過實驗教學，讓學生扮演核保人的角色，瞭解核保政策，能通過對擬定的投保標的的風險因素進行審核，對照核保政策對投保資料的各項信息進行審核，綜合評估投保標的的風險狀況，初步作出核保決策。本實驗不僅要求學生掌握核保知識，更要求學生具備一定的分析能力和邏輯思維能力。

（二）環境用具

電腦、保險實驗教學軟件、網絡連接、核保政策範本、投保單、投保人提供的風險評估資料、保單等單證範本，以及紙張、鋼筆、計算器等辦公用品。

（三）實驗學時

2學時。

（四）實驗形式

分組討論、角色扮演、軟件操作。

（五）實驗重點

瞭解核保政策。

二、實驗內容與教學組織

（一）瞭解保險公司的核保要求

（1）安排學生上網查找保險公司在線投保產品 3 個以上，查閱其對投保人的要求（核保條件）。

（2）將查閱到的核保條件記錄，並製成圖或表。

（二）初步作出核保決策

（1）將學生分組，安排小組成員分別扮演客戶、核保人員、觀察員等，由客戶提出個人信息，核保人員按照所學知識核保，觀察員檢查核保過程與結果。

（2）將上述分工及實驗過程進行記錄。

（三）瞭解核保系統（課外完成）

（1）有條件的實驗室可以在課外嘗試使用核保實驗軟件，錄入相關信息，瞭解核保系統。

（2）如果有保險公司核保手冊，在保密的前提下，可以組織學生進行核保模擬。

【注意事項】

（1）學生演練時，要遵循核保工作步驟。

（2）核保軟件和核保手冊涉及保密要求，一般不能獲取並應用於實驗，因此部分實驗只能在條件具備時進行。

（3）教師要提前準備具備產品核保要求的保險公司網站網址，確保實驗順利進行。

【思考題】

（1）核保一般有哪些步驟？

（2）人身保險核保一般需要審核哪些信息？

【參考文獻】

［1］魏麗，李朝鋒. 保險學［M］. 大連：東北財經大學出版社，2011.

［2］鄭華，辛桂華. 人身保險理論與實務［M］. 2 版. 大連：東北財經大學出版社，2014.

第三部分　實驗報告

一、實驗報告總表

實驗報告總表如表 20.1 所示：

表 20.1　　　　　　　　　　實驗報告總表

實驗編號及實驗名稱	實驗 20　核保基礎			
分組編號		組長姓名	組長學號	
實驗地點		實驗日期	實驗時數	2 學時
指導教師		同組其他成員	評定成績	

	實驗內容	教學形式	時間控制	注意事項
實驗內容及步驟	瞭解保險公司核保要求	分組討論	30 分鐘	查閱保險公司具體產品的核保要求 3 個以上，並做記錄，制成圖或表
	初步做出核保決策	分組討論 角色扮演	50 分鐘	先明確角色分工，然後對照核保步驟逐項審核，並做記錄
	瞭解核保系統	分組討論 軟件操作	課外完成	具備軟件等條件時開展

實驗總結	
教師評語	

二、實驗操作與記錄

（一）瞭解保險公司的核保要求

（1）本小組查閱的資料如下：

資料 1 網站名稱：＿＿＿＿＿＿＿＿＿＿＿＿＿＿＿

網址：＿＿＿＿＿＿＿＿＿＿＿＿＿＿＿＿＿＿＿＿＿

保險產品名稱：＿＿＿＿＿＿＿＿＿＿＿＿＿＿＿＿＿

保險產品（投保須知）核保要求連結：＿＿＿＿＿＿＿＿

資料2 網站名稱：_____
網址：_____
保險產品名稱：_____
保險產品（投保須知）核保要求連結：_____

資料3 網站名稱：_____
網址：_____
保險產品名稱：_____
保險產品（投保須知）核保要求連結：_____

資料4 網站名稱：_____
網址：_____
保險產品名稱：_____
保險產品（投保須知）核保要求連結：_____

（2）將查閱到的核保條件記錄，並製成圖或表如下：

（二）初步作出核保決策
（1）本小組角色分工如下：
組員：_____ 扮演角色：_____
組員：_____ 扮演角色：_____
組員：_____ 扮演角色：_____
組員：_____ 扮演角色：_____
組員：_____ 扮演角色：_____
組員：_____ 扮演角色：_____
組員：_____ 扮演角色：_____
組員：_____ 扮演角色：_____

（2）角色扮演過程記錄。
「客戶」提供的信息如下：

「核保員」核保分析如下：

「觀察員」觀察得到的信息如下（逐步記錄，並評價是否合理）：

(三) 瞭解核保系統（課外完成）
(1) 本小組使用的核保系統名稱是：＿＿＿＿＿＿＿＿＿＿＿＿＿＿＿＿＿

主要功能描述如下：

(2) 本小組查閱的核保手冊是哪家保險公司的：＿＿＿＿＿＿＿＿＿＿＿＿
請按照實驗設計（二）重新扮演角色，並做好記錄。

實驗 21　理賠基礎

第一部分　理賠基礎知識

一、保險理賠的定義和作用

（一）定義

理賠（Claim Settlement）是指保險事故發生後，保險人在接受客戶索賠、進行現場查勘與取證的基礎上，查明損失原因，估算損失程度，確定賠償金額，並給付結案的一系列活動。

（二）作用

通過理賠，可以確定保險標的損失的原因是否屬於保險責任承保的範圍，確定保險標的的損失程度和損失金額，確定賠償金額。

二、保險理賠的基本原則

（一）重合同，守信用

保險理賠處理時應嚴格按照保險合同條款的規定，受理賠案，確定損失。

（二）主動、迅速、準確、合理

保險理賠應遵循「八字方針」，即主動、迅速、準確、合理。

主動：要求保險理賠員對出險的案件，積極、主動地調查瞭解案情，進行現場查勘，掌握出險情況，進行事故分析，確定保險責任。

迅速：要求保險理賠員在處理賠案中講究時效性，及時處理，做到查得準、辦得快、賠得及時。

準確：要求保險理賠員從查勘、定損直至賠款計算，要做到準確無誤，不錯賠、不濫賠、不惜賠。

合理：要求保險理賠員在賠償工作中，本著實事求是的精神，堅持按合同條款辦案，並做到具體案情具體分析，必要時還要結合實際情況靈活處理。

（三）授權經營

保險公司的理賠業務實行授權經營，各級公司在上級公司授予的權限內開展理賠業務，超過權限範圍的賠案應按規定上報、審批，不得越權。

（四）嚴肅紀律

理賠公司中應嚴格執行各項工作紀律和制度，做到公正廉潔，不弄虛作假，不徇私舞弊，嚴禁製作假賠案，嚴禁在賠款中列支規定以外的其他費用。

（五）實事求是

保險賠案形形色色，案發原因錯綜複雜，對於一些原因複雜的賠案，除了按照合同條款規定處理賠案外，還必須遵循實事求是的原則。

三、保險理賠的流程與作業規範

（一）財產保險理賠流程

理賠是財產保險公司業務經營的核心環節之一，對理賠流程的熟練掌握和操作對公司整體賠付情況的改善和盈利的提高非常關鍵，其理賠操作流程如圖 21.1 所示：

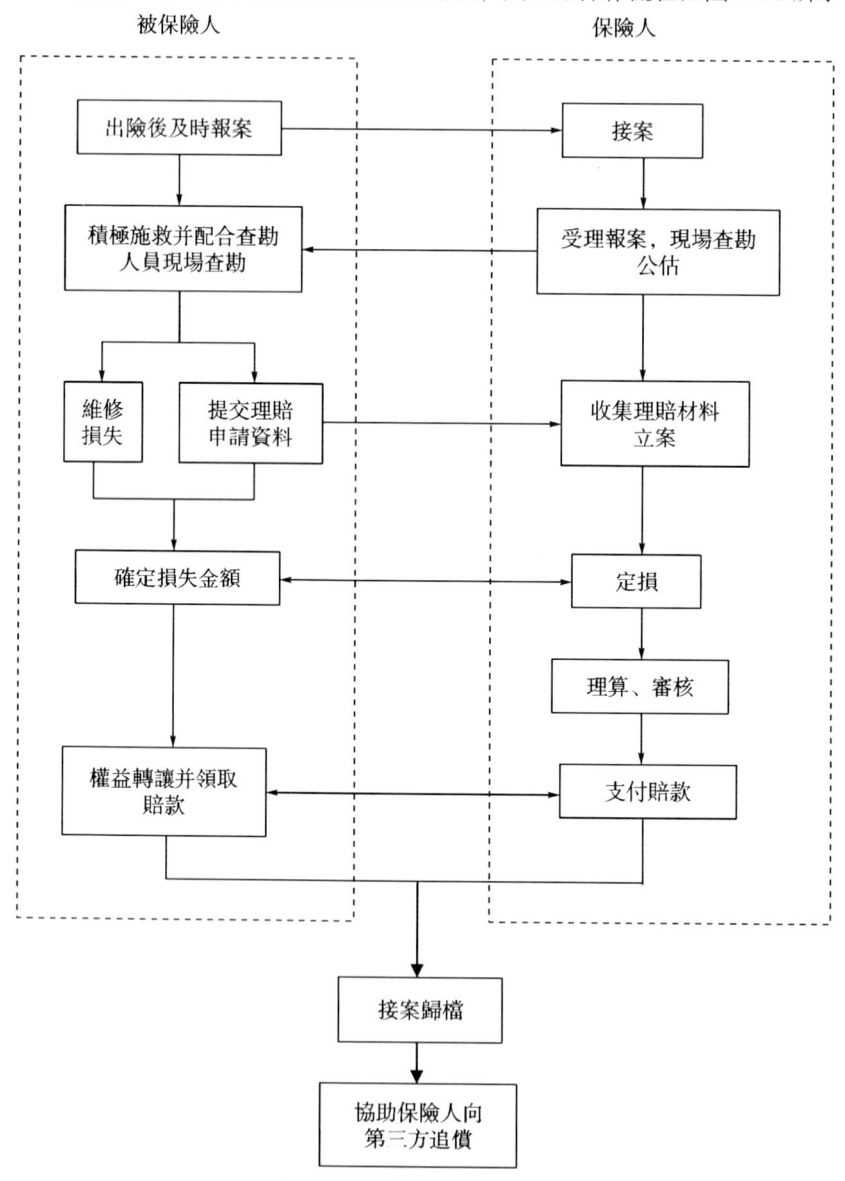

圖 21.1　財產保險理賠流程圖

1. 案件受理

（1）受理客戶報案。保險標的出險後，接案時應詳細詢問被保險人名稱、保單號

碼、出險日期、出險地點、損失估計等並記錄。同時，請被保險人盡快填報出險通知。若報損金額或估損金額超過本級機構理賠權限的賠案，必須在接案之後規定時間內上報上級機構理賠管理部；若遇到涉及分保的超權限賠案，須同時上報上級機構或者再保險部。

（2）查抄底單。理賠中心根據報案情況，查閱電腦資料（保單、批單），審核報核賠人員核查保單是否在保險期限內、受損設備或財產是否在承保範圍內，初步審核事故是否屬於保險責任。對於屬於保險責任的，應立即立案處理。

（3）立案。初步確定屬於保險責任後，理賠內勤應及時編號立案，建立專卷或案袋，並開始收集該案的各項記錄、單證、報告等資料，匯歸卷內。

2. 現場查勘

現場查勘是理賠工作中及時掌握第一手材料、核定損失的重要步驟。接到客戶報案後，應立即派人現場查勘，查勘中應堅持雙人查勘（車險等除外），持證上崗。

（1）查勘前的準備。查勘前應根據承保情況和出險通知，及時瞭解保險標的的有關情況；查勘時應攜帶必要的查勘工具或用具，並及時與公司聯繫；對於估損金額超過本級機構核賠權限的賠案，應通知上級機構派員協助查勘。

（2）查勘的內容。查勘的主要內容包括：

①事故發生的詳細過程。

②出險的時間、地點、原因。瞭解事故是否發生在保險有效期間內，是否屬於保險責任，是否存在第三者責任，並做好查勘記錄。

③查勘人員應嚴格按照合同條款規定，記錄現場損失情況，車輛、設備、物品或財產的受損情況；記錄受損程度，如受損面積、數量、深度、高度等。現場拍照要顯示出險地點的概貌、標的受損的具體情況，並附上簡要的文字說明。

④受損財產的現場清點。現場清點時應對受損的項目、受損程度、受損數量逐項登記，既要清點受損物資的數量，又要清點未受損物資的數量，以便確定不足額投保比例。現場清點時要求與被保險人共同清點，清點後雙方簽字。

⑤施救。理賠員達到現場後，如果事故尚未得到控制，應督促並協助被保險人及時施救，減少保險財產的損失，施救費用應分明細列出，並提供相關的證明資料。

⑥損失金額估計。清點標的受損情況後，應對受損項目進行估損。

⑦事故證明。核賠員應督促、協助被保險人盡快提供有關部門出具的出險證明、事故證明及有關單證。

⑧聘請專家或公估人。對專業技術性強，損失原因或程度不易判定的案例，應及時聘請權威部門、專家或公估人進行鑑定，盡可能取得具有權威性、有法律效力的證明材料。

⑨填寫現場查勘報告。

3. 確定保險責任

根據查勘情況、事故證明及有關材料，對照保單條款，核實受損標的及所在地點是否在保單明細中載明；出險日期是否在保險期間內；進而確認受損標的是否在保險單項目承保。如屬於第三者責任的，根據被保險人要求可先行賠付，同時由被保險人

填寫權益轉讓書，將追償權轉給保險人。

4. 損失核定和殘值處理

（1）準確核定標的損失。核對投保項目的保險金額和被保險人帳冊，準確掌握受損標的實際價值，與被保險人談判，確定損失程度和金額。

（2）施救費用審核。施救費用必須是保險事故發生後或發生時為搶救保險財產所支出的費用，施救費用必須以直接、必要、合理為原則。

（3）殘值處理。定損後損餘物資的處理應堅持物盡所用的原則，對受損財產的殘餘部分實事求是、合情合理地作價折歸被保險人，並從賠款中扣除。

5. 理賠計算

保險公司按照保單條款的規定，損失金額以及必要的、合理的施救、保護和整理費用、免賠額、責任劃分、賠償處理方式計算賠款，並繕制賠款計算書。

6. 拒賠、通融賠付、預付賠款

（1）拒賠。拒賠，即保險人拒絕賠付，拒賠的主要原因如下：

①未及時繳納保費；

②未履行如實告知義務；

③事故並非保險事故；

④事故屬於除外責任；

⑤保險合同無效；

⑥提供索賠單證不全並不能在規定期限內補充提供的；

⑦超過索賠時效；

⑧有證據顯示被保險人存在詐欺行為。

（2）通融賠付。根據保險合同的約定，保險公司本不應承擔賠付責任，但出於維護與重要客戶的良好關系、擴大聲譽等的考慮，仍賠付或部分賠付保險金的行為就是通融賠付。

（3）預付賠款。對於重要客戶，保險公司在保險責任明確，對損失金額不能確定的可以先以確定的最低金額報具有權限的保險機構批准後預付賠款。

7. 賠付結案歸檔

賠付結案應將相關案卷歸檔。

（二）人身保險理賠流程

理賠亦是壽險公司經營的重要環節之一，是人身保險履行其職能的具體體現。理賠流程操作如圖21.2所示。

1. 客戶報案

報案人可以是被保險人，也可以是其他知情人。根據《中華人民共和國保險法》的規定，投保人、被保險人或受益人知道保險事故後，應當及時通知保險人。

2. 報案登記。客戶可通過電話、傳真、短信等多種方式進行報案。保險公司接受客戶的口頭或書面報案並進行出險時間、地點、本次事故索賠性質等相關信息的登記。

（1）報案登錄

確認出險人身分後，核賠員將報案事項、投保情況及事故者身分等報案信息及時

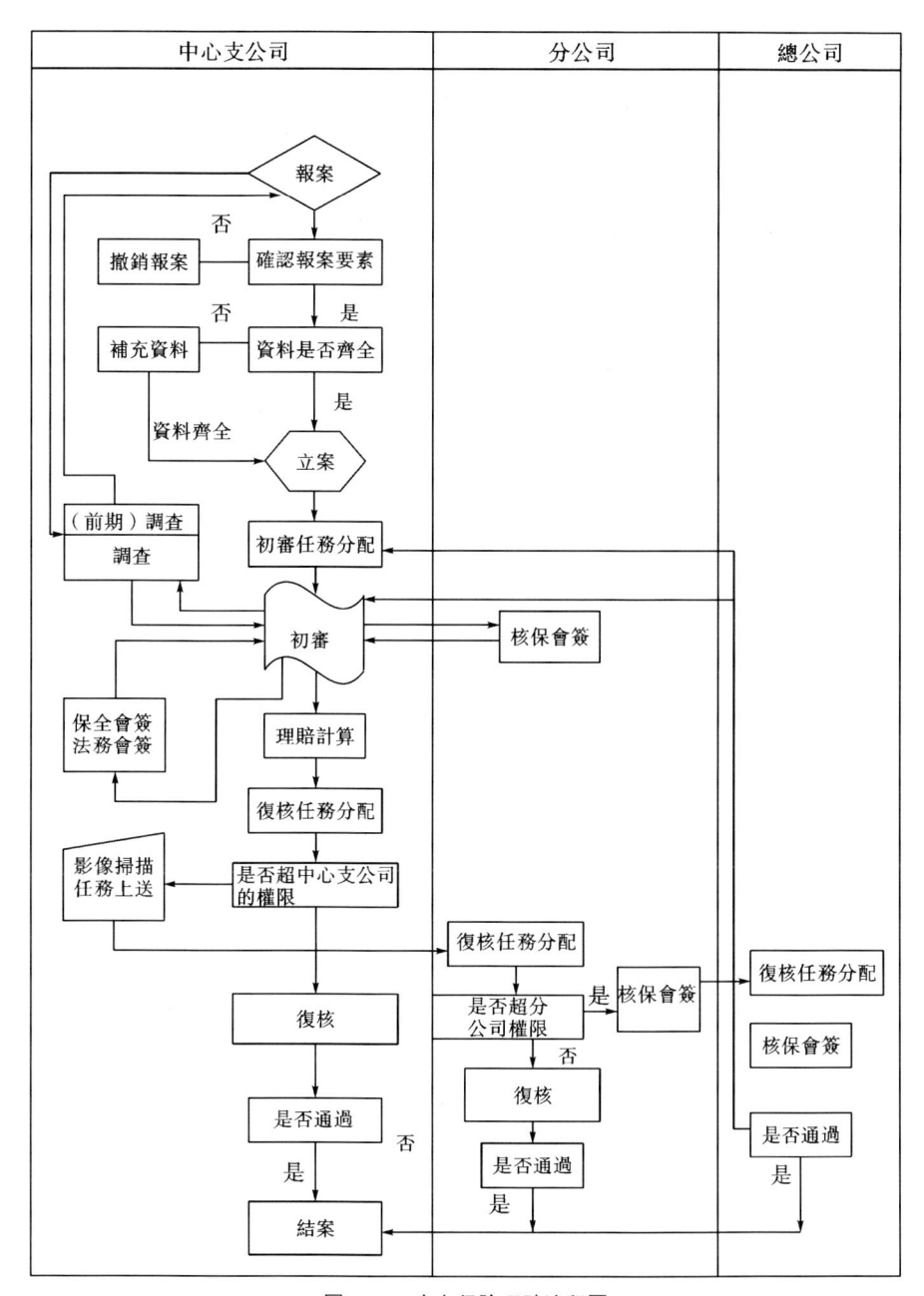

圖 21.2　人身保險理賠流程圖

登錄到理賠業務系統中去，並對出險人在公司持有的保單狀態進行查詢，根據查詢結果進行處理。

（2）報案呈報。接到報案之後，要對照公司規定逐級上報。某公司的重大案件上報規定如下：凡接到重大案件報案的，填寫「重大案件報備表」註明案件情況、特點

及擬採取的處理方法，1個工作日內向上級公司相關部門報案。以下理賠案件可視為重大案件：

①一次事故賠付金額在 20 萬元及以上的；

②一次事故死傷 5 人及以上的；

③發生災情及社會影響巨大的。

（3）報案撤銷。可做撤銷報案的案件如下：

①發生的事故不屬於保險責任的；

②報案案件未發生或發生後果未達保險責任條件的；

③客戶主動申請撤銷報案的；

④不能提供保單原件，保險公司也沒有其投保資料的；

⑤不能提供與保險責任認定有關的單證。

3. 立案

立案是指保險公司對報案的資料，按照理賠規則審核後，認為有保險事故發生，決定對其進一步審核、調查，並賠付的活動。

（1）立案審核。接案員收到申請人提交的理賠申請書、理賠材料簽收單及相關證明材料後，復核所有報案信息，查詢既往承保、理賠記錄，審核理賠申請書、理賠申請材料簽收單填寫是否符合要求，證明材料是否齊全，申請人是否符合資格。

（2）立案登記。經立案審核符合立案條件的理賠申請，接案人員可做立案登記。

（3）案卷移交。核賠員根據理賠申請及事故證明材料，確認立案後，將理賠申請書、授權委託書、理賠申請材料簽收單及所附證明材料，順序疊放，裝入檔案袋內，送交核賠人初審，進行案卷移出登記，記錄移交案卷的賠案號、理算人員姓名、代碼及案卷移交時間，並由初審人員簽名確認。

4. 審核

理賠審核是指核賠人審定保險事故及保險責任的行為與過程，是正確進行理算的基礎，是人身保險理賠中極為關鍵的一個環節。

（1）審核合同的有效性。核賠員根據保單查詢系統及相關證明材料判斷申請理賠的保險合同在出險時是否有效。

（2）審核出險事故的性質。核賠員根據保險合同、理賠申請及相關證明材料，判斷申請理賠的出險事故是否為保險責任範圍內的事故。

（3）審核事故證明材料。核賠員根據理賠申請及相關證明材料，判斷出險事故的類型，檢查申請人所提供的事故證明是否完整、有效。

（4）審核案件是否需要調查。核賠員調閱被保險人的投保資料，根據報案情況，查看被保險人投保時的健康及財務告知、體檢報告等事項，分析是否可能存在道德風險及責任免除情況，以此確定是否需要進行調查及調查的重點。

（5）理賠結論。根據理賠政策作出正常給付、通融給付、解約給付、不給付等決定。

5. 理賠調查

調查員根據理賠調查申請書提示的調查要點，採取適當的形式與方法，對案件查

勘取證。如需異地機構代理查勘的理賠案件，調查人員應繕制理賠調查委託書，委託相關分支機構代為查勘取證。調查取證後調查員應及時撰寫調查報告書，在調查報告書中撰寫查證途徑，其內容必須真實、完整、不加主觀臆斷，並附有關證明材料呈交核賠員。

6. 理賠計算

（1）意外傷害導致的身故或殘疾的理賠案件。

①核實被保險人在出險後180天有無殘疾給付，本次死亡同殘疾是否屬於同一事故所致，如果是，要扣減已經支付的殘疾保險金。

②同一保單年度內有無殘疾給付，如有，保險金額應做減額處理。

（2）重大疾病的理賠案件。核實保單是否申請了重大疾病保險金的提前給付，如果是，則在給定給付的時候，保險金應做減額處理。

（3）醫療保險的理賠案件。

①如果醫療費用險在保險公司全額賠付，須收取醫療原始收據。

②如果醫療費用險在保險公司部分賠付，則醫療費收據原則上應按條款要求提供原始收據。經保險公司賠付後，如申請人索要原始收據，則由保險公司提供原始發票複印件及分割單。

③若有特殊情況不能提供原件而只能提供複印件的，提供的複印件上需加蓋支付單位的公章並出具收取票據原件單位註明已賠付金額的分割單。

④醫療補貼險賠付時，可審核醫療費原件後留存複印件，並註明「複印於原件」等字樣和複印人簽名。

7. 結案歸檔

助理核賠員收到核賠人移交的理賠案卷後，應進行案卷移入登記，記錄賠案號、結案號、結案人姓名、代碼及移入時間。理賠案件結束後，助理核賠員對案卷中的材料與明細表內容核對後簽收，按順序將案卷進行裝訂後歸檔。

第二部分　實驗設計

一、實驗基本情況

（一）實驗目的

通過實驗教學，使學生瞭解保險理賠的基本流程和要求，包括客戶報案、立案、理賠審核、理賠調查、理算及接案歸檔等。本實驗要求學生對理賠的流程初步掌握，並能根據給定的材料進行保險理賠的流程操作，處理相關單證，並結案歸檔。

（二）環境用具

電腦、網絡連接、理賠單證、理賠手冊。

（三）實驗學時

2學時。

（四）實驗形式

分組討論、單證處理。

（五）實驗重點

瞭解理賠的基本流程與要求。

二、實驗內容與教學組織

（一）瞭解保險公司理賠

（1）安排學生上網查閱保險公司理賠的案例，包括理賠和拒賠的案例。

（2）對所查閱的案例進行記錄，指出其是否符合理賠流程和要求。

（二）根據給定材料，模擬理賠

（1）仔細閱讀附件中的材料，包括各種表格，為模擬實驗做準備。

（2）將小組成員分工，進行角色扮演，並記錄模擬過程。

（三）瞭解理賠系統和理賠政策（課後完成）

（1）有實驗軟件的條件下，安排學生瞭解理賠系統。

（2）掌握理賠手冊等資料並保密的條件下，組織學生瞭解理賠政策，並對模擬階段過程重新對照理賠政策進行審核。

【注意事項】

（1）查閱理賠案例時，要側重有理賠過程介紹的案例，方便後續分析。

（2）瞭解理賠系統和理賠政策可能涉及保密問題，當具備條件是才進行。

【思考題】

（1）財產保險理賠的流程主要有哪些？

（2）人身保險理賠的流程主要有哪些？

（3）在哪些情況下會拒賠？

【參考文獻】

[1]張洪濤，王國良．保險核保與理賠［M］．北京：中國人民大學出版社，2010．

[2]周燦，常偉．保險營銷實務技能訓練［M］．北京：電子工業出版社，2011．

第三部分　實驗報告

一、實驗報告總表

實驗報告總表表21.1所示：

表21.1　　　　　　　　　　實驗報告總表

實驗編號及實驗名稱	實驗21　理賠基礎			
分組編號		組長姓名		組長學號	
實驗地點		實驗日期		實驗時數	2學時

表21.1(續)

	指導教師		同組其他成員			評定成績	
實驗內容及步驟	實驗內容		教學形式	時間控制	注意事項		
	瞭解保險公司理賠		分組討論	20分鐘	上網查閱保險公司理賠案例，其中理賠和拒賠案例各1個，並將案例做必要記錄		
	案例理賠合理性分析		分組討論	20分鐘	對上網查找到的案例進行理賠合理性分析，指出其是否符合理賠流程和要求		
	根據材料模擬理賠		分組討論 單證處理	40分鐘	仔細閱讀材料，熟悉表格，按照理賠流程和要求模擬理賠過程，要安排觀察員點評本小組理賠處理的合理性		
	瞭解理賠系統和理賠政策		分組討論	課外完成	具備軟件等條件時完成		
實驗總結							
教師評語							

二、實驗操作與記錄

(一) 瞭解保險公司理賠

(1) 本小組查閱的資料如下：

(理賠案例) 網站名稱：_____

網址：_____

案例名稱：_____

案例連結：_____

(拒賠案例) 網站名稱：_____

網址：_____

案例名稱：_____
案例連結：_____
（案例）網站名稱：_____
網址：_____
案例名稱：_____
案例連結：_____
（2）對所查閱的案例進行記錄，指出其是否符合理賠流程和要求。

（二）根據給定材料，模擬理賠
（1）本小組角色分工如下：
組員：_____；扮演角色：_____
組員：_____；扮演角色：_____
組員：_____；扮演角色：_____
組員：_____；扮演角色：_____
組員：_____；扮演角色：_____
組員：_____；扮演角色：_____
組員：_____；扮演角色：_____
組員：_____；扮演角色：_____
（2）角色扮演過程記錄。
「理賠員」處理過程描述如下（可用圖或表輔助描述）：

「觀察員」觀察到的信息如下（逐步記錄，並評價是否合理）：

_____
_____
_____
_____
_____
_____
_____
_____
_____
_____

(三) 瞭解理賠系統和理賠政策（課後完成）

(1) 本小組使用的理賠系統名稱是：_____

主要功能描述如下：

_____
_____
_____
_____
_____
_____

(2) 本小組查閱的理賠手冊是哪家保險公司的：_____

請按照實驗設計（二）重新扮演角色，並做好記錄。

【實驗 21 附件】

材料一：理賠案例介紹

2007年3月10日，李毅以本人為被保險人向生命人壽投保了生命至惠定期壽險，保險金額為30萬元，合同生效日為3月11日，合同編號為SMRS200703110788，保費採用年繳方式，繳費期間為20年，保障期間至被保險人年滿70週歲的保單周日止，年繳保費為1,740元，應繳保費對應日為每年的3月10日。

2011年的3月10日，李毅因更換工作經濟緊張未能按時繳納保費。2011年8月1日，李毅準備繳納續期保費時發現已過寬限期，其保單已經失效，在代理人鄭爽的建議下，李毅來到生命人壽廣東分公司申請保單復效，按公司要求填寫了復效申請書並

223

繳納了續期保險費及利息。李毅在復效申請的健康聲明書中對各項健康告知項的詢問均告知「無」，保險公司決定從 8 月 1 日開始恢復其合同效力。

2011 年 10 月 20 日，李毅的家屬林芳到保險公司報案稱，李毅於 2011 年 9 月 18 日晚上在家突然腹痛難忍，送到廣州市第三人民醫院內科，檢查後確認為肝癌晚期，雖已積極搶救，但無奈肝癌已至晚期，李毅終因不治而於 10 月 19 日去世。林芳以被保險人身故受益人的身分來向保險公司提出 30 萬元保險金的理賠，並提供了相關證明材料 10 份，保險金的領取選擇銀行轉帳方式，開戶行為中國農業銀行華景分行，戶名為林芳，帳號為 4038236710567888。

其他相關資料如下：

李毅：男，1977 年出生，身分證號碼為 440582197702212311，身分證有效期至 2015 年 5 月 1 日，工作單位為廣州市水利水電研究所，職務為研究員，單位地址為廣州市天河區天壽路 256 號，郵編 510645，聯繫電話 18945672345，家住廣州市天河區華景新城 E 棟 809 室，郵編 530650。李毅是在一次朋友聚會中認識其代理人鄭爽，並在鄭爽的推薦下購買了定期壽險，鄭爽工號為 SM8956341，聯繫電話 13456782345。

林芳：女，李毅的妻子，是保單唯一的受益人，1980 年出生，身分證號碼為 440582198001030000，身分證有效期至 2018 年 1 月 1 日，工作單位為廣州市水利水電研究所，職務為研究助理，聯繫電話 18934231456。

保險公司接案後，立即立案處理，報案號碼為 20111020070031，立案號碼為 201110220078。請根據以上資料內容，模擬保險公司理賠案件的處理流程，處理實驗中涉及的單證，並繕製完整的卷宗。

材料二：實驗單證

報案登記表

項目	內容
報案人姓名	
報案人身分	□被保險人　□受益人　□投保人　□其他：
報案時間	年　　月　　日
聯繫方式	電話：　　　　　手機：　　　　　電子郵箱：
事故發生時間	年　　月　　日
事故發生地點	
被保險人基本信息	姓　名	
	身分證號碼	
	保單號碼	

表(續)

事故簡單過程	
本人認可上述登記事項準確無誤。	報案人：
接案人	姓名： 工號：

接案登錄表

一、客戶信息確認			
1. 客戶是否為本公司被保險人		□是 □否	
2. 客戶保單是否有效		□是 □否	
3. 事故是否屬於保險合同保障範圍		□是 □否	
二、出險信息錄入			
被保險人身分證號碼			
保單號碼			
出險人姓名		性別	
業務員工號		業務員姓名	
出險地點		出險時間	
出險經過、結果			
申請人身分證號		申請人姓名	
聯繫地址			
聯繫電話		郵政編碼	
申請人與被保險人關系		受益人與被保險人關系	
報案日期		是否屬重大案件	□是 □否
接案人	姓名：	工號：	

人身保險理賠申請書（正面）

保單信息	保險單號		業務員		業務員電話		
被保險人信息	姓名		性別		年齡		歲
	證件類型		證件有效期至	年 月 日	證件號碼		
	國籍		職業		聯繫方式		
	工作單位/就讀學校/住所/經常居住地						
申請人信息	姓名		性別		年齡		歲
	證件類型		證件有效期至	年 月 日	證件號碼		
	國籍		職業		聯繫方式		
	工作單位/就讀學校/住所/經常居住地						
	郵編		地址				
	申請人身分	☐被保險人　☐指定受益人　☐被保險人的繼承人　☐監護人　☐其他：_____					
	轉帳信息	開戶行		戶名		帳號	
索賠信息	索賠類別	☐健康醫療　　☐身故　　☐殘疾　　☐重大疾病 ☐免交保費　　☐年金　　☐旅遊救援　☐其他					
	您是否在社保、農合或其他保險公司投保？	☐是 ☐否	是否有索賠經歷？	☐是 ☐否	是否需要其他途徑報銷？	☐是 ☐否	
	您是否報案？		報案人		報案時間		報案方式
出險概況	出險原因	☐意外　☐疾病	出險/住院時間				
	疾病發生過程/意外事故經過						
	治療醫院				就診科室		
	傷情及目前情況						
補充說明							

理賠委託授權聲明（反面）

現申請人_____委託_____先生/女士前往貴公司辦理有關保單申請項下事宜。本委託有效期為_____天。（委託日期同本申請書的申請日期。）

代辦人身分信息	姓名		性別		年齡	歲
	證件類型		證件有效期至	年　月　日	證件號碼	
	國籍		職業		聯繫方式	
	工作單位/就讀學校/住所/經常居住地					
	與委託人關係	□營銷員　□收費員　□親戚　□朋友　□其他：_____				

委託人簽名：_____　　代辦人簽名：_____

其他聲明與授權

1. 本人聲明以上陳述均為事實，並無虛假及重大遺漏。
2. 本人授權任何醫療機構、保險公司或其他機構，以及一切熟悉被保險人身體健康狀況之人士，均可以將被保險人身體健康狀況之資料向泰康人壽保險股份有限公司如實提供。本授權之影印件亦屬有效。
3. 轉帳授權聲明：本人同意將理賠金轉入「理賠申請書」所提供的銀行帳戶中。本人聲明上述銀行帳戶確為申請人本人的帳戶，開戶行名稱、戶名和帳號均真實有效，本人同意承擔因銀行帳戶提供錯誤而導致轉帳失敗而產生的法律、經濟責任。
4. 根據保險監管部門規定，以現金方式給付的保險金不得由保險代理機構、保險代理業務人員和保險營銷員代領，上述事宜本人已知曉。

（若團體客戶）投保單位簽章：
申　請　人：
日　　　期：

理賠須知

尊敬的客戶：

您好！

感謝您對我公司的支持。為了充分保證您的權益，提高理賠時效，請您在申請理賠時，按以下說明進行辦理。

1. 當被保險人發生合同約定的保險事故時，請您於十日內通知我公司，我們將為您提供理賠指引服務。

2. 請被保險人按照保險合同約定，在指定的定點醫院接受檢查治療，並使用當地社保醫療範圍內的檢查治療項目或藥品。

3. 在檢查治療及事故處理過程中，請您及時收集和妥善保存好保險合同中約定的理賠申請所需證明文件和資料；當治療結束或事故處理完畢後，請您填寫好理賠申請書並簽名，與理賠申請所需資料一併提交。

附：申請理賠應備文件表

申請項目	應備文件
疾病住院醫療	1、2、3、4、5、12
疾病門診醫療	1、2、3、6、12
意外傷害醫療	1、2、3、4、5、6、9、12
重大疾病	1、2、3、4、7、12
意外身故	1、2、9、10、11、12
疾病身故	1、2、10、11、12
意外殘疾	1、2、3、8、9、12
疾病殘疾	1、2、3、8、12
免交保費	1、2、3、8、12
年金領取	1、2、3、12
失能收入損失保險	1、2、3、4、8、12
長期護理保險	1、2、3、4、12
第三方管理醫療	1、2、3、5、6、12、13
境外意外及救援	1、2、12、14

1. 理賠申請書
2. 保險單
3. 被保險人身分證明
4. 診斷證明/出院小結
5. 住院費用原始發票及費用明細清單（津貼給付型醫療險無需此項）
6. 門/急診病歷/手冊、門診發票及費用清單或處方
7. 病理及其他各項檢查報告
8. 傷殘鑒定書
9. 意外事故證明（若是交通事故須提供交通管理部門出具的交通事故責任認定書；若是工傷事故須提供相關單位的工傷證明等）
10. 死亡證明書、戶籍註銷證明
11. 用以確定申請人身分的相關證明（見註解）
12. 受益人（監護人）銀行帳戶複印件
13. 公共帳戶使用授權書
14. 被保險人護照、境外急性病或意外相關證明資料、境外身故使領館證明

註：當申請人為被保險人、指定受益人本人時，須提供申請人本人身分證明；當申請人為被保險人的繼承人時，需提供該申請人具有合法繼承權的相關證明；當申請人為無民事行為能力或限制民事行為能力人時，需提供該申請人為無民事行為能力人或限制民事行為能力人的證明；當申請人委託代理人代為辦理時，應提供合法的委託代理手續；當監護人代理被監護人辦理時，監護人需提供具有合法監護權的證明，由監護人在申請人處簽字，並註明與申請人關系。

理賠申請材料簽收單

報案號：

被保險人姓名		性別		身分證號碼	
申請人（受託人）姓名		與被保險人關系		身分證號碼	

已收到以下憑證

單證名稱	原件	復印件	單證名稱	原件	復印件	單證名稱	原件	復印件
人身保險理賠申請書			委託授權書			醫療診斷證明		
保險單正本和保險憑證			申領證明			醫療檢查報告		
最後一次繳費憑證			意外事故證明			門診病歷		
被保險人身分證明			死亡證明			手續證明		
被保險人戶口簿			殯葬證或火化證明			出院小結		
申請人身分證明			戶口註銷證明			醫療費用原始單據		
申請人戶口簿			宣告死亡證明書			醫療費用結算清單		
受益人身分證明			殘疾鑒定書			交通事故責任認定書		
繼承人身分證明			公證書			駕駛證		
單位證明			調解書			行駛證		
授權轉帳存折複印件			判決書或仲裁書					

表(續)

本案因保險事故性質、原因、傷害程度等在本公司收到上述理賠申請材料後5日內無法核定，需要進一步核實。	
申請人（受託人）簽名： 年　月　日	受理人簽名： 年　月　日
說明	本簽收單僅作為本公司收取申請人理賠申請材料的交接憑證，並不代表本公司已做出任何賠付承諾。 本公司可以根據保險合同的約定，要求申請人補充提供有關材料。 申請人請妥善保管此單證，憑此單證辦理退還保險單正本或其他有關單證事宜。 本簽收單一式兩份，本公司於申請人（受託人）各執一份。 本簽收單塗改無效。 　　　　　　　　　　　　　　　　　　　　　　　　　年　月　日

立案登記表

報案號：

被保險人姓名：		被保險人性別：	
被保險人身分證號：			
出險地點：		出險時間：	
出險經過、結果			
申請人身分證號：			
申請人姓名：		聯繫電話：		郵政編碼：	
聯繫地址：					
與被保險人關系：		報案時間：			
證明材料份數：	（　）份				
理賠原因：	□1. 死亡　　□2. 殘疾　　□3. 醫療　　□4. 重疾					

擁有保單情況					
保單號碼	險種名稱	責任描述	保費繳至日期	保單狀態	處理否
					□
					□
					□
					□
					□

立案時間：　　　年　月　日

理賠調查報告

立案號：

被保險人姓名		性別	
身分證號		出險日期	
出險地點			
出險經過、結果			
調查情況			
責任類型	□健康醫療　□身故　□殘疾　□重大疾病　□其他　□重大疾病		
調查經過			
調查意見			
經調查後確認的出險日期			
調查人工號		調查人姓名	

理賠審核表

立案號：

被保險人姓名		性別	
身分證號		出險日期	
出險地點			
出險經過、結果			
責任類型	□健康醫療　□身故　□殘疾　□重大疾病　□其他		
理賠結論	□正常給付　□拒絕給付　□通融給付 □解約退費　□解約不退費　□撤案		
出具結論理由			
審核人		工號	

理賠計算表

立案號：

被保險人姓名		性別	
身分證號		出險日期	
出險地點			
出險經過、結果			

保單號	責任類型	險種名稱	目前保額（元）	給付率	給付金額（元）

目前保額合計（元）		給付金額合計（元）	
扣欠繳保費（元）		應退預收保費（元）	
相關立案賠付總額（元）		扣保單貸款（元）	
查勘費用（元）		核賠費用（元）	
保單紅利（元）		生存金/關愛金（元）	
賠付金額合計	元		

理賠復核表

立案號：

被保險人姓名		性別	
身分證號		出險日期	
申請人姓名		性別	
身分證號碼		申請日期	
理賠結論	□正常給付　□拒絕給付　□通融給付 □解約退費　□解約不退費　□撤案		
理賠給付金額	元	支付方式	□現金　□支票　□銀行轉帳
審核人		工號	

理賠領款通知書

尊敬的＿＿＿＿＿＿＿＿＿＿先生/女士：

您好！您提交的被保險人＿＿＿＿＿，保單號＿＿＿＿＿項下的保險理賠申請，經審核，已獲得批准，我公司將根據保險合同的約定支付下列保險金：

單位：（元人民幣）

保單號	給付項目	給付金額	備註

合計：＿＿＿＿元。

請您於＿＿＿＿年＿＿＿＿月＿＿＿＿日之前攜帶您的身分證及本通知書（本通知書由我公司保存）前來我司辦理領款手續。

領款金額（大寫）：＿＿＿＿＿＿＿＿＿＿＿＿＿元人民幣。

支付方式：□現金　□支票　□銀行轉帳

戶名：＿＿＿＿＿＿＿　開戶行：＿＿＿＿＿＿＿＿＿

銀行帳號：＿＿＿＿＿＿＿＿＿＿＿＿＿＿＿＿

如您有任何不詳之處，敬請致電95500垂詢。

順致

最良好的祝願！

＿＿＿＿＿＿＿＿＿＿＿＿＿＿

＿＿＿＿年＿＿月＿＿日

收款收據

年　月　日

今收到＿＿＿＿＿＿＿＿＿＿＿＿＿＿＿＿＿＿＿＿
交來：＿＿＿＿＿＿＿＿＿＿＿＿＿＿＿＿＿＿＿＿
金額（大寫）　佰　拾　萬　仟　佰　拾　元　角　分
￥＿＿＿＿＿　□現金　□支票　□信用卡　□其他
收款單位（蓋章）

第二聯　財務聯

核准　　　會計　　　記帳　　　出納　　　經手人

國家圖書館出版品預行編目(CIP)資料

保險營銷實訓教程 / 方有恒, 粟榆 主編. -- 第一版.
-- 臺北市 : 崧博出版 : 財經錢線文化發行, 2018.10

　面 ；　公分

ISBN 978-957-735-609-3(平裝)

1.保險行銷

563.7　107017328

書　　名：保險營銷實訓教程
作　　者：方有恒、粟榆 主編
發行人：黃振庭
出版者：崧博出版事業有限公司
發行者：財經錢線文化事業有限公司
E-mail：sonbookservice@gmail.com
粉絲頁　　　　　網　址
地　　址：台北市中正區延平南路六十一號五樓一室
8F.-815, No.61, Sec. 1, Chongqing S. Rd., Zhongzheng Dist., Taipei City 100, Taiwan (R.O.C.)
電　話：(02)2370-3310　傳　真：(02) 2370-3210
總經銷：紅螞蟻圖書有限公司
地　　址：台北市內湖區舊宗路二段 121 巷 19 號
電　話：02-2795-3656　傳真：02-2795-4100　網址：
印　　刷：京峯彩色印刷有限公司（京峰數位）

　　本書版權為西南財經大學出版社所有授權崧博出版事業有限公司獨家發行電子書及繁體書繁體版。若有其他相關權利及授權需求請與本公司聯繫。

定價：400元

發行日期：2018 年 10 月第一版

◎ 本書以POD印製發行